Toma
el control
de
tu vida

Toma el control de tu vida

Desbloquea influencia, riqueza y poder

JIM ROHN

Una publicación oficial de Nightingale-Conant

Publicado y Distribuido por:

SOUND WISDOM
PO Box 310
Shippensburg, PA 17257-0310
717-530-2122

info@soundwisdom.com

www.soundwisdom.com

ISBN: 978-1-64095-527-1

Ebook ISBN: 978-1-64095-528-8

For Worldwide Distribution, Printed in the U.S.A.

1 2024

Contenido

PRÓLOGO

Las ideas cambian vidas. Las ideas a las que te aferras hoy y pones en práctica pueden marcar la diferencia en la realización de tus sueños. Una sola buena idea puede llevarte a la cima y, de la misma manera, si tienes la cabeza llena de ideas equivocadas, puedes desviarte permanentemente del éxito. Si quieres tomar el control de tu vida para aprovechar al máximo lo que te ofrece, Jim Rohn es el hombre acertado con las ideas acertadas.

Jim conoce los secretos del éxito. Dedicó su vida al estudio de los fundamentos del comportamiento humano y la motivación personal que pueden despertar en ti un extraordinario poder para lograr el éxito. Con su singular estilo de filosofía, sabiduría, ingenio y sólido sentido común, provee información práctica y motivación de las cuales sacarás provecho.

En este libro descubrirás las cinco piezas del rompecabezas de la vida, que es un conjunto de conocimientos garantizados que te ayudarán a lograr tus mayores objetivos. Aprenderás los secretos del éxito de un comunicador eficaz y adquirirás las habilidades de liderazgo necesarias para salir adelante en cualquier cosa que te propongas lograr en la vida.

Jim Rohn goza de reputación internacional como orador público dinámico y efectivo, e imparte talleres sobre el desarrollo personal en todo el mundo. Jim atribuye gran parte de su éxito a las enseñanzas de su mentor, Earl Shoaff, mencionadas a lo largo del libro.

Hay poder en el toque de las palabras humanas: que lo que leas te aporte mucha satisfacción, autoconciencia y el semillero de gran éxito en cada aspecto de tu vida.

Corporación Nightingale-Conant

1

PRELIMINARES PERTINENTES

Algunas personas tienen una pasión increíble por la vida y un apetito por vivir bien y exitosamente, y otros parecen tener una actitud desganada de dejar que la vida simplemente pase, con la esperanza de que salga bien de todas maneras. No sé qué es lo que marca la diferencia en las personas, pero siempre me ha parecido emocionante observar a las personas que están inspiradas para lograr lo mejor de la vida. La automotivación es clave para superar desafíos y dificultades.

La vida es un desafío, lo cual no es sorpresa para nadie. Por lo tanto, es muy importante articular el desafío, la presión y el empuje, porque el empuje está en marcha, a diario. Sin embargo, de eso se trata la vida: de aceptar el desafío, echar raíces profundas, llegar a ser lo más fuerte posible, aceptar todo lo que venga y convertirlo en lo que tú quieras que sea, intentar hacer lo mejor posible, esforzarse al máximo, pensar bien, leer bien, vivir bien y luchar con todo ello. *Ese es el desafío, y eso es lo que hace que la vida merezca la pena, ahí es donde está el valor, la lucha por elevados ideales para hacer de tu vida algo singular.*

Una de las experiencias más extraordinarias que alguien puede tener es la experiencia de influir, de persuadir a alguien de que tenemos una buena idea, de persuadir a alguien para que compre un producto o considere un servicio, de poder influir en alguien para que adopte un estilo de vida, una idea, una empresa, un negocio o un emprendimiento.

INFLUENCIA

La influencia es una de las experiencias más importantes de la vida: la oportunidad de influir en otros, en su forma de pensar, en su futuro, quizá en su vida. Desde ser gerente a ejecutivo, a ser padre o madre, todos tenemos, en algunos sentidos, la posibilidad y la oportunidad de influir en otra persona.

Llegar a ser influenciador puede lograrse de forma casual, al azar o a propósito mediante el aprendizaje de las habilidades. Eso es lo que cubro en este libro: reunir las habilidades para ayudar a influir en las personas hacia una forma de pensar, hacia un producto, hacia una idea, hacia una empresa o simplemente hacia una vida mejor: las habilidades de liderazgo.

A continuación se enumeran tres habilidades preliminares que conducen directamente a las cinco piezas del rompecabezas de la vida que se identifican y tratan a lo largo del libro:

1. Sinceridad

2. Ideas

3. Inspiración

La primera es la *sinceridad*. Para lograr cualquier cosa importante o de valor, tenemos que empezar con la sinceridad. Supongo que eres sincero en tu intención de aprender a tomar el control de tu vida, de lo contrario no estarías leyendo este libro. No habrías hecho el esfuerzo de superar lo que tuvieras que hacer para llegar al punto de tomarte el tiempo de leer lo que tengo que decir, y puedo apreciar eso. Empieza siempre con sinceridad. Es mi esperanza que me encuentres sincero al aportar valor a tu tiempo, esfuerzo y consideración.

Sin embargo, la sinceridad no es una prueba de la verdad. De ninguna manera debemos cometer el error de decir que alguien tiene razón simplemente porque la persona es tan sincera. Es posible estar sinceramente equivocado. Es mi esperanza que me encuentres sincero y veraz a la vez, pero tienes que decidir por ti mismo qué es la verdad. He aquí la clave: pesa la sinceridad en balanzas de sinceridad y pesa la verdad en balanzas de verdad. No peses la verdad en balanzas de sinceridad.

IDEAS MÁS INSPIRACIÓN

Si quieres que tu vida cambie para mejor, aquí está la fuente de todo: ideas más inspiración. Las ideas no están tan lejos. De hecho, tengo una buena frase para que la consideres y que te servirá bien para el resto de tu vida: Todo lo que necesitas está a tu alcance. Las ideas que necesitas para cambiar tu vida o tu negocio están al alcance Las ideas que necesitas para cambiar de vida o de empresa están al alcance del que lee y escucha.

Probablemente hay una biblioteca no muy lejos de ti. El problema es que la mayoría de las personas pasan de lado

Todo lo que necesitas está a tu alcance.

las bibliotecas, pero muy pocas se detienen, estacionan su auto, y se aventuran a entrar. El «pobre» Andrew Carnegie estableció muchas bibliotecas por todo el país, pensando que toda la gente se detendría y aprovecharía todos los libros y conocimientos que contenían. Pensaba que seguramente se detendrían. [Entre las bibliotecas y el Internet, hoy en día nadie tiene pretexto para no poder aprender lo que necesita conocer para salir adelante].

La clave está en alcanzar. Alcanza y lee, aprende, conoce a gente, experimenta nuevas aventuras en la vida, encuentra la clave de tu futuro.

Existe una sencilla frase bíblica que dice que si buscas, hallarás. Es muy importante saber que encontrar está reservado para los buscadores. No encontramos lo que necesitamos, encontramos lo que buscamos. Necesitar no es el prerrequisito para obtener valor. No puedes ser un necesitado, tienes que ser un buscador. Pero si buscas, si intentas, si vas, si escuchas, las ideas están a tu alcance y las ideas cambian la vida. No hay nada tan poderoso como una idea a la que le ha llegado su hora.

Una idea para un negocio, una idea social, una idea para una inversión, una idea para buena salud: todo lo que necesitas es refinar una idea para que tenga un impacto en tu vida. Reúne tesoros, reúne capital, reúne riqueza, porque no se requiere mucho para hacer una diferencia significativa con el paso del tiempo. Puedes dibujar un pequeño círculo en un papel y marcar que aquí es donde estás ahora. Dentro de diez años, podrías estar a una pulgada o a seis pulgadas de esa primera marca. La diferencia en diez años entre aquí y allí podría ser significativa en términos de dinero y estilo de vida, tesoros, capital. En diez años puede haber una diferencia increíble si haces aunque sea un pequeño cambio de disciplina y pensamiento para iniciarte en el camino de una vida de logros.

ACUMULA TESOROS

También es muy importante que intelectualmente sepas si vas o no en la dirección correcta. Pensar y decidir tu dirección ahora te llevará a reunir tesoros intelectuales, personales, espirituales, morales y económicos a lo largo del camino. La clave está en empezar hoy a hacer cambios para emprender este nuevo camino y esto es lo que me emociona. Hacer solo unos pocos cambios diarios en las disciplinas marcará una gran diferencia dentro de un año, tres años, cinco años y, definitivamente, diez años. Eso es lo que aprenderás a lo largo del libro: las pocas disciplinas diarias que marcan la diferencia, ya sea que al final te encuentres donde empezaste o al final de una travesía emocionante y provechosa.

Dentro de diez años, seguramente llegarás. La pregunta es: ¿a dónde? No queremos engañarnos en cuanto a dónde llegaremos o acerca del camino que estamos recorriendo para llegar allí.

Cuando tenía veintitantos me dije: ya no me engañaré más a mi mismo. Ya no quería pasar la vida desilusionado. Simplemente estaba cruzando mis dedos, con la esperanza de que sucediera lo mejor, pero finalmente decidí que la teoría no me conseguiría lo que quería, que no es ahí donde reside el tesoro. Tenía que asegurarme de que iba por el camino correcto. Necesitaba añadir disciplinas a mi vida: unas cuantas disciplinas de lectura, mente y actividad. Fue entonces supe que mi camino era seguro y que caminaba hacia mi destino. ¡Solo unos pocos cambios hicieron toda la diferencia!

A veces nos hacemos a la idea de que solo estamos haciendo un 10% de lo que hay que hacer, y que hay un 90% más que necesitamos hacer para marcar la diferencia para nuestra fortuna. Sin embargo, probablemente sea lo contrario. Estás haciendo lo suficiente para haber llegado hoy aquí. Estás haciendo lo suficiente para haber comprado y compartido la buena vida hasta ahora. Así que quizá todo lo que necesites sea ese 5 ó 10 por ciento extra de cambio intelectual, de cambio de actividad, un refinamiento de la disciplina, un refinamiento del pensamiento y las ideas para realizar esos sencillos cambios. Entonces, tu patrimonio empieza a acumularse en el primer año y continúa a través del tercer, quinto y décimo año.

Ahora es el momento de corregir los próximos 10 años.

Tengo un buen comentario para que tomes nota: Ahora es el momento de corregir los próximos diez años. A veces hay que enfrentarse a la realidad y a la verdad.

La primera vez que conocí al Sr. John Shoaff, yo tenía 25 años, él 44, y me trajo una riqueza de experiencia. Me hizo las preguntas difíciles, las grandes preguntas, como: «¿Estás leyendo los libros que te llevarán adonde quieres ir en los próximos cinco años?». Una pregunta excelente que debes hacerte a ti mismo. Para llegar a donde quieres estar en los próximos cinco años, o estás leyendo los libros correctos o no lo estás. Es una afirmación brillante. O estás comprometido con las disciplinas o no lo estás.

Esto es en lo que no queremos participar: desilusión, esperar sin actuar, desear sin hacer. La clave está en dar un buen vistazo a tu vida y preguntarte: «¿Dónde estoy? ¿Qué puedo hacer para realizar los cambios necesarios para asegurarme de que estoy tomando medidas diarias específicas hacia el tesoro que quiero: el tesoro mental, el tesoro personal, el tesoro espiritual, el tesoro económico? No quiero cometer errores. Ahora es el momento de ajustar mi programa diario para que me lleve adonde quiero ir».

Tengo ideas que compartir para ayudarte a hacer algunos ajustes poderosos. A lo largo de décadas de impartir conferencias, he recibido muchas cartas y algunos testimonios personales de personas que han experimentado logros extraordinarios al usar solo algunas de mis sugerencias. Definitivamente, merece la pena tomarse el tiempo de leer y aprender. Estoy aquí para dar un poco de asesoramiento.

Una buena nota: *a todos nos viene bien algo de asesoramiento*. Cuando jugamos a un juego, a veces es difícil ver todas las piezas que se están moviendo, pero la meta es ganar a la vez que estás haciendo lo mejor que puedes. Si simplemente nos sentamos y nos permitimos un respiro de vez en cuando, tomándonos un poco de tiempo libre, nos reponemos y podemos volver a emprender nuestra travesía con renovado vigor. Eso es precisamente lo que estás haciendo ahora aquí, al leer este libro.

Toma un poco de tiempo para escuchar las experiencias de alguien. Mientras comparto contigo mis experiencias e ideas, observa si puede causarte un pequeño momento de corrección, para que puedas hacer algunos cambios que sumen algún valor extra en los próximos uno, tres, cinco años. Toda clase de ideas acerca de la salud, el emprendimiento, vivir una vida mejor, y sobre todo, habilidades de liderazgo.

INSPIRACIÓN

La siguiente palabra clave es *inspiración*. La inspiración es un misterio. ¿Por qué sucede que algunas personas se inspiran y otros no? La inspiración personal se puede definir como extraer vitalidad emocional de la vida y el desafío y perseguir lo que quieres. Todos admiramos eso. Es mi esperanza que tú también la encontrarás y te verás inspirado al estudiar juntos.

Pertenezco a un grupo que hace negocios alrededor del mundo. Hemos descubierto muchas maneras y medios y métodos e ideas. Al compartir contigo estos aspectos emocionantes de mi vida, es mi esperanza que sirvan como directrices que traduzcan una respuesta en resultados.

No sé dónde te he encontrado en esta temporada de la vida. Quizá sea la primavera para ti: tienes una nueva oportunidad y no se sabe qué vas a hacer de ella. Estás muy emocionado. Te felicito por ello. Quizá te he encontrado durante el tiempo de la cosecha y estás celebrando tu éxito.

Quizá sea verano para ti, cuando a veces las cosas se ponen difíciles y las malas hierbas atacan tu jardín y los bichos andan tras tus valores. El verano es una temporada interesante. No es tan fácil durar desde la primavera hasta el otoño. El verano es una prueba, especialmente cuando los acreedores están llamando. Tenemos una tendencia a salir al campo y decir: «Crece, cosecha, crece. Hay demandas sobre mí». O quizá te encuentres en una temporada de pruebas, una temporada de desafíos.

Quizá te he encontrado en el invierno. Todos hemos pasado por temporadas invernales desesperantes, en las que hemos tenido que tomar decisiones. Tal vez estés en un punto en el camino donde tienes que elegir uno de dos o más caminos, y algunas de las decisiones que tomes en el futuro inmediato tendrán un impacto significativo y todo que ver con tus próximos cinco o diez años.

He estado en algunas de esas llamadas bifurcaciones del camino. ¿En qué dirección vas? ¿Qué seleccionas ahora como tu próximo camino de oportunidades? Quizá estos sean tiempos difíciles para ti. El invierno puede ser una fuente de pruebas cuando sientes el empuje y la presión.

No sé dónde te he encontrado, pero sea cual sea la temporada que estés viviendo, quiero aportarte valor y un sentido de dirección para que puedas tomar el control de tu vida. Esa es mi intención.

SÉ...

Para sacar el mayor provecho de este libro, permíteme darte una lista rápida de cómo puedes aprovechar todo lo que tienes a tu favor: ahora mismo y tal como eres.

SÉ AGRADECIDO

Aquí está el número uno: *Sé agradecido.* Creo que, en primer lugar, para conseguir más necesitamos estar agradecidos por lo que ya tenemos, especialmente cuando vivimos en este increíble país. La persona trabajadora promedio de los Estados Unidos de Norteamérica gana más que las personas de la mayor parte del mundo. Somos un país tan rico y fabuloso. Es increíble. [Los ingresos promedio anuales por hogar en EE.UU. en 2022 eran 54.000 dólares y en el vecino país de México eran el equivalente a 18.000 dólares. En Bangladesh eran 245.] Estoy seguro de que les parecería extraño que la gente asistiera a conferencias y leyera libros sobre cómo mejorar su situación cuando nos va mejor que a la mayoría a nivel mundial.

Un fin de semana impartí una conferencia en nuestro rancho de Clear Lake, California, para un lindo grupo de personas. Llegué un poco antes de la sesión del viernes por la tarde y me sorprendió lo que vi en el estacionamiento. Autos Cadillac, Continental, Mercedes Benz, y Ferrari y un Rolls-Royce, increíble. Entré y me encontré con un gran grupo de personas de muy buen aspecto, y mis primeras palabras fueron: «Damas y caballeros, creo que al resto del mundo le parecería extraño que todos hayamos venido aquí este fin de semana para intentar averiguar cómo mejorar. Sin duda el resto del mundo diría: 'No lo entiendo'. Pero el hombre que está en

Sé agradecido por dónde estás y por lo que ya tienes.

su Rolls-Royce podría decir: 'Tengo que ir al seminario para averiguar cómo conseguir otro igual». Increíble.

Pero aquí estamos, y probablemente nos va muy bien. Así que demos gracias por estar donde estamos, porque así es como empiezan a fluir las buenas ideas, dando gracias por lo que ya tenemos.

¿Qué bloquea el flujo de toda buena información? El cinismo. No es tan difícil ser un cínico experimentado, sentirse cínico acerca de las circunstancias, cínico acerca de los lugares, cínico acerca de las oportunidades, cínico acerca de la gente: es fácil quejarse. Pero si convertimos el cinismo en acción de gracias, ahora las ideas pueden fluir, la información puede fluir, el refinamiento de las ideas puede fluir. Eso es lo primero: sé agradecido.

SÉ ANSIOSO POR APRENDER

Aquí está el número dos: *Sé ansioso por aprender*. Independientemente de lo que sepas, siempre hay más por saber. Un punto que quiero destacar aquí es que, cuando tengo tiempo en las conferencias, me gusta argumentar todo. Me gusta ese formato. No hay nada como una buena discusión poderosa para aprender a refinar una idea. Lo que queremos son ideas que pasen la prueba de las preguntas difíciles, y es bueno estar rodeado de las personas que pueden hacer las preguntas difíciles El debate tiene una forma singular de refinar las ideas y eso puede convertirse en una valiosa herramienta de aprendizaje. Es beneficioso.

Te pido que argumentes con todo lo que voy a tratar más adelante. Repasa tus notas y revive la experiencia y piensa en lo que has leído y en lo que he compartido contigo aquí.

La clave está en estimular la mente, en tener pensamientos e ideas, en abrir canales de información. El refinamiento del intelecto es donde reside la fortuna futura, así que sé ansioso por aprender.

SÉ UN BUEN ESCUCHADOR

La última admonición es que seas un buen escuchador, lo cual no es fácil hoy en día. Todo el mundo quiere nuestra atención. Las voces de la radio, la televisión, la pubicidad, las políticas y sociales, las religiosas, las de la comunidad y las de la familia; ¿cómo puedes filtrar todas las voces y dedicar más tiempo a una voz con sustancia? No es fácil.

Pero si practicas el arte de escuchar bien, no se sabe lo que puedes encontrar en forma de ideas que pueden ayudarte a cambiar tu vida.

2

CINCO PIEZAS DEL ROMPECABEZAS DE LA VIDA

Muy bien, eso es suficiente en cuanto a los preliminares fundamentales. Ahora, permíteme darte las cinco piezas principales del rompecabezas de la vida.

En una ocasión me preguntaron: «Si alguien necesitara ayuda, ¿podría usted identificar en cuáles áreas de su vida necesitaba un cambio, y podría categorizar eso en algunos pasos sencillos para tomar?».

Respondí: «Sí».

Se me ocurrieron las cinco piezas principales del rompecabezas de la vida. En un momento u otro, todos necesitamos ayuda en una de las cinco áreas o piezas siguientes. Estoy seguro de que puedes adivinar cuáles son.:

1. Filosofía

2. Actitud

3. Actividad

4. Resultados

5. Estilo de vida

Veamos cada una en detalle.

FILOSOFÍA

La primera pieza es filosofía. *La filosofía es simplemente lo que sabes.* Ahora bien, para corregir un par de antiguos clichés, lo que no sabes sí te hará daño; y para corregir otro, la ignorancia no es dicha. Es tan importante tener la filosofía correcta. Es tan importante saber. La filosofía marca el rumbo de tu vida. Es la pieza principal de las cinco piezas principales del rompecabezas de la vida.

Muchas otras cosas son menores, algunas simplemente no afectan tanto a tu vida, pero éstas son cinco áreas que afectan inmensamente a nuestras vidas.

Les digo a los estudiantes durante mis charlas: «Asegúrense de obtener toda la información que puedan mientras estén en la escuela. Sé que no es fácil leer los libros, tomar las clases y tratar de sacar buenas calificaciones, pero, mientras estén aquí, recábenlo todo, porque no hay nada peor que ser tonto, ¿verdad? Estar sin dinero es malo, pero ser tonto es horrible».

Para corregir todo eso, regresemos a la pieza número uno. Tienes que saber, porque lo que no sepas afectará definitivamente a tu futuro económico. El libro que no leas marcará la diferencia. La información que no tengas marcará

Tu filosofía de vida es donde todo empieza.

la diferencia en el legado de tu capital en los próximos meses, en los próximos años.

La filosofía es donde todo empieza.

Divido la filosofía en tres partes:

Una es básica, *la filosofía inicial.* El bebé empieza a procesar información inmediatamente. El frío es malo, el calor es bueno, el hambre es horrible, el alimento es maravilloso. El bebé empieza a reaccionar y a procesar información y a tener ciertas reacciones ante ella. Nuestra filosofía empieza pronto, recopilando información y reaccionando ante ella.

A continuación viene la *filosofía expandida.* Es cuando tenemos al menos suficiente filosofía para tener un empleo remunerado y ofrecer un valor a la sociedad, encontrar nuestro lugar en el mercado y ser un ser humano decente razonable. Esta es filosofía expandida.

Pero ahora, ¿cómo llegas a ser rico y poderoso, sofisticado, influyente y singular? Sencillamente, con la *filosofía refinada*, que implica más estudios y más libros, más clases y más pensamiento, más reflexión, más dar y recibir de las ideas que se ponen a prueba y del debate y la discusión. Todo eso es de donde viene la vida extra en las dimensiones de la filosofía refinada, el pensamiento extra.

Éstos son los pasos del descubrimiento intelectual que muchas personas no quieren tomar o están demasiado ocupadas para tomar. O se presentan de maneras demasiado fuertes y difíciles, estas habilidades extra que marcan la diferencia en el resultado. Pero te digo que, una vez que empieces a dedicarte a estas habilidades extra, nunca querrás volver atrás. Este nuevo descubrimiento intelectual es donde está la riqueza, donde está la felicidad, la buena vida, la influencia, el poder: el refinamiento de la filosofía.

Nuestra filosofía proviene de muchos lugares: la enseñanza, la influencia de otros, los libros que leemos, las clases que tomamos. Quizá quieras subrayar la palabra *influencia*. Es de ahí de donde procede una gran parte de nuestra filosofía, de la influencia de otros.

Al considerar cómo llegaste a tu filosofía de vida actual, hay varias preguntas importantes que debes hacerte. Las grandes preguntas importantes que debes hacerte:

- *¿Quiénes son las personas con las que más estoy?*
- *¿Cómo me están influyendo?*
- *¿Voy en la dirección correcta cuando estoy con ellos?*
- *¿Están leyendo lo que yo debería estar leyendo?*
- *¿Piensan acerca de lo que yo necesito pensar?*

- *¿Estoy diciendo lo que ellos están diciendo?*
- *¿Me estoy convirtiendo en lo que ellos son o en lo que yo debo convertirme? (La pregunta más importante.)*

La influencia juega un papel de gran importancia en el desarrollo de nuestra filosofía. Cómo pensamos, cómo hablamos, la formulación de ideas, lo que sopesamos en relación con los valores... todo esto es tan importante. Nuestra base radica en nuestros conocimientos, en nuestra mente y lo que pensamos, y cómo procesamos la información y las ideas.

Las ideas son simplemente información que está tomando forma, y todo el proceso de la mente de pensar y conocer y procesar ideas e información es de gran magnitud porque determina la pieza principal de las cinco piezas del rompecabezas de la vida, tu filosofía.

Pensar, ideas, procesar, saber...

Todos hacemos algo muy importante con lo que sabemos: lo sopesamos. Lo ponemos en nuestra balanza mental y lo pesamos. Puede que le demos un número del 1 al 10, probablemente no de forma consciente, pero si oímos algo y entramos en posesión de cierta información, puede que le demos un 10 y actuemos en consecuencia de inmediato. Si le damos un 1, probablemente lo dejaremos pasar. Si es importante, haremos algo al respecto. Si no nos parece importante, probablemente lo dejaremos pasar.

Después de recibir información, es vital evaluar, una palabra clave que aprendemos en la capacitación de habilidades de liderazgo. Necesitamos evaluar la información para intentar encontrar valor, ya sea percibido o anticipado. ¿Dónde está el valor? ¿Cuánto valor tiene ? ¿Cuán importante es? ¿Hay algo que no puedo ver a primera vista? ¿Hay valor bajo la superficie? ¿En el funcionamiento interno? ¿Qué hay detrás? ¿Qué

La vida se acumula.

va más allá? ¿Cuál es su origen? Todas estas preguntas nos ayudan a llegar a la percepción o nos dan perspectiva sobre cómo valorar las ideas y evaluar la información.

Tenemos que poseer una buena balanza mental. ¿Qué pasaría si al procesar la información tu balanza mental estuviera desequilibrada, y pesaras todo un poco mal? ¿Crees que la filosofía resultante afectaría a tu vida? La respuesta es sí, por supuesto. Si a lo largo de 10 años te equivocas solo un poco, puedes imaginar la gran diferencia que eso llegaría a ser. Una frase clave para ti en cuanto a esta perpetuación: *la vida se acumula*.

O acumulamos deuda o acumulamos valor. O acumulamos arrepentimiento o acumulamos capital. Todos tenemos que sufrir uno de estos dos dolores: el dolor de la disciplina o el dolor del arrepentimiento. Sugiero disciplina, disciplina mental para refinar las ideas. Por supuesto, es laborioso, y por supuesto, hace que nos esforzemos, pero es un pequeño precio a pagar para que no tengamos más tarde el dolor del arrepentimiento.

El arrepentimiento pesa toneladas. La disciplina pesa onzas.

Si aceptas las onzas iniciales de la disciplina de pensamiento para refinar ideas y no permites que se te escapen preguntas principales, ¿qué posibilidades de participación podrías perder? ¿y negocios? ¿y de tu valor y tu futuro, tu vida y su origen o destino? ¿y las oportunidades? Y en un rango más amplio, ¿qué hay de la sociedad, el gobierno, la religión, el capital y la educación? ¿y los asuntos mundiales y la vida en general?

Todas estas son preguntas principales que necesitan respuesta. Dejarlas pasar casualmente sin pensar en ellas es perderse los tesoros que tu vida podría acumular y absorber en los próximos meses, en los próximos años. Son cuestiones y consideraciones sobre las que necesitamos reflexionar y en las que tenemos que pensar y que marcan el rumbo de nuestra vida. Cada una de ellas ayuda a desplegar la vela que nos lleva más lejos en la travesía hacia nuestro destino deseado.

He aquí una buena pregunta para anotar o al menos subrayar aquí en el libro. *¿Adónde me están llevando mis pensamientos?* Esta es una pregunta muy importante. Puedes ser casual en algunos aspectos menores de tu vida, pero hay cosas que se tienen que tomar en serio. Tu filosofía te está llevando a algún lugar, ya sea a un lugar positivo o a un lugar negativo. Gran pregunta: ¿adónde te están llevando tus pensamientos? La acumulación de capital estará ahí o no estará ahí: la vida se acumula. O estás acumulando deudas

¿A dónde me están llevando mis pensamientos?

por las que te arrepentirás o estás acumulando valor por el que te alegrarás.

Bien, así que la filosofía es la primera pieza importante de las cinco piezas principales. La siguiente es la actitud.

ACTITUD

La pieza número dos es la actitud. *La actitud es cómo te sientes.* En primer lugar, nos afecta lo que sabemos. En segundo lugar, nos afecta cómo nos sentimos acerca de lo que sabemos.

La actitud es la parte emocional de las cinco piezas principales del rompecabezas; y la pregunta es: «¿Cómo me siento?».

Hay muchas maneras diferentes de sentirse, y actitudes que las acompañan. Por ejemplo, alguien puede decir: «Si esto es todo lo que pagan, no voy a llegar temprano ni voy a quedarme hasta tarde en el empleo». A eso lo llamamos una forma de sentirse. Esa es la actitud que la persona ha elegido. Si ese trabajador mantiene esa actitud durante los próximos cinco años, ¿afectará mucho a su fortuna?

La respuesta es, por supuesto, sí, afectará a los ascensos, las bonificaciones, incluso su retención.

No te puedes escapar del efecto acumulado de tu actitud. No te puedes escapar. Una pregunta fundamental que debes hacerte: «¿Cómo me siento y voy bien o mal encaminado con respecto a mi actitud?». Las actitudes no siempre son fáciles de corregir; no es fácil obtener información acerca de cómo cambiar una mala actitud. Es difícil buscar actitud en las páginas amarillas. Si pudieras meter tu automóvil en el taller y luego ir al establecimiento vecino para que te afinaran la actitud, qué bueno sería, ¿verdad?

Así que ¿adónde ir? ¿Cómo nos involucramos en la clase de pensamiento filosófico que refinará nuestra actitud para darnos una oportunidad de fortuna futura en lugar de lo que faltará en el futuro? Esto es grande: la actitud.

He aquí otra actitud usando el mismo escenario. «Independientemente de lo que paguen, siempre llego temprano y siempre me quedo tarde para invertir en mi propio futuro». ¿Por qué una persona tiene una actitud positiva y otra tiene la actitud opuesta? A eso lo llamamos misterios de la mente. No lo sé. Cada uno tiene que elegir por sí mismo. La actitud puede cambiar decisiones por medio de educación. Por ejemplo, si no supieras cuáles iban a ser las consecuencias

Adopta una actitud para una fortuna futura.

(mala actitud equivale a despido), podría ser muy fácil elegir la actitud equivocada y no disciplinarte hacia la actitud correcta.

Una gran parte de nuestra vida se ve afectada por cómo nos sentimos. A continuación ofrezco una breve lista de los sentimientos que afectan a nuestra vida. El número uno es cómo te sientes acerca del pasado. Es tan fácil llevar el pasado como una carga en lugar de como una escuela de la cual aprender. Es fácil dejar que el pasado te abrume en lugar de permitir que el pasado te instruya. Cómo te sientas acerca de las heridas del pasado y las pérdidas del pasado y las dificultades del pasado y las veces que fracasaste y las veces que no funcionó: la acumulación de todo eso afectará en gran medida a tu futuro.

El número dos es otro factor principal que afecta a tu vida: cómo te sientes acerca del futuro. Nuestra vida se ve afectada por *precio y promesa*; no es tan fácil pagar el precio si no puedes ver la promesa. Creo que hoy en día los chicos están teniendo problemas en tratar de pagar el precio porque no pueden ver la promesa. Pero a todos nosotros no nos importaría pagar el precio si pudiéramos tener una visión clara del mañana, de la semana que viene, del mes que viene, del año que viene.

Si tuviéramos la alta seguridad con gran probabilidad de cómo va a salir algo, ¿crees que dudaríamos en pagar? La respuesta es no, pero todos dudan en pagar si el futuro no está claro. Para ayudar a los muchachos de hoy en día, tenemos que hacer dos cosas: ayudarles a ver la promesa y ayudarles a pagar el precio. Estar ahí para apoyarles a través de los momentos difíciles.

Los adultos también pagaremos si podemos ver el resultado prometido.

Mi instructor de kárate me dijo: «Sr. Rohn, no puedes creer la increíble sensación de caminar por cualquier calle de la ciudad sin temor». Le dije: «Sigamos con las clases. Estoy dispuesto a sudar. Haré todo lo que sea necesario».

¿Qué haríamos por una promesa extraordinaria? La respuesta, las cosas más increíbles. ¿Abrirías los libros? ¿Quemarías el aceite de medianoche? ¿Te dedicarías a pensamientos y disciplinas adicionales si la promesa fuera adecuada? La respuesta es: por supuesto. Pero, ¿quién quiere leer, quién quiere quemar el aceite de medianoche, quién quiere someterse al esfuerzo extra si la promesa no está clara? No muchos. Importante: precio y promesa.

El número tres es lo que sienten el uno por el otro. Tu actitud acerca de la sociedad, el país, el estado y la ciudad, la comunidad, la familia, la empresa, la oficina, la compañía, la corporación, la división es importante. Tomar el control de tu vida incluye tener una comprensión singular acerca de otros seres humanos y de cómo te sientes respecto a ellos. ¿Qué constituye una buena vida? Tu actitud y lo que sientes acerca de otros.

Tengo otra buena frase para ti: *no puedes lograr el éxito por ti solo así que tener un sentido singular y refinado de aprecio mutuo es un requisito previo.* Nos hace falta a todos para construir un país, para construir una nación. Nos hace falta a todos para construir una comunidad. Frase clave, no puedes tener éxito tú solo. Frase clave, no puedes lograr el éxito por ti solo.

Di una charla en el Club Rotario de Culver City, California, y aquel día me sentí especialmente afectado por el juramento

No puedes lograr el éxito por ti solo.

de lealtad a la bandera. Voces grandes y fuertes, es un club grande y fuerte. El sonido de las palabras estuvo resonando en mi mente los días siguientes, el juramento de lealtad a la bandera, y cuanto más pensaba en ello, más pensaba: ¡Qué documento clave tan importante! El juramento de lealtad. Empecé a escribir y redacté un discurso sobre el juramento de lealtad. Tomé cada palabra clave y la resumí para nuestro club de la cinta del mes.

Fue un ejercicio increíble de recibir información y luego refinarla para expandir mi filosofía. El juramento de lealtad a la bandera es singular. Empieza con «yo» y acaba con «todos». Se requiere de todos nosotros para que cualquiera de nosotros tenga éxito, y un aprecio singular y refinado de *todos nosotros* es lo que hace que el *yo* de nosotros tenga mucho más éxito. Ese aprecio de la sociedad, se necesita de todos nosotros para hacer un mercado. Necesitamos las ideas y la inspiración de los otros. Una vez que tienes ese sentido de aprecio de "todos nosotros", ahora, tú y tu lugar y tus posibilidades y tus oportunidades empiezan a dispararse realmente cuando entiendes cuán importante es en el marco del todos nosotros. No puedes lograr el éxito por ti solo. Es difícil encontrar a un ermitaño rico.

Ahora viene lo más importante. Cómo te sientes acerca de ti mismo es de suma importancia. Comprender la autovalía es el principio del progreso. ¿Hasta qué punto eres valioso? ¿Qué podrías hacer si tuvieras todas las habilidades? Si tomaras clases extra y te quemaras las pestañas, ¿qué podrías hacer? ¿Cuál verdadero valor podrías llegar a ser?

Este es uno de los mejores ejercicios; pregúntate:

- *¿ Qué podría llegar a ser en términos de valor?*
- *¿Qué podría hacer realmente en el mercado, en la empresa, la familia, el hogar, el amor, la experiencia, el matrimonio, la amistad?*
- *¿ Qué valor podría llegar a tener?*
- *¿Soy lo suficientemente valioso como para trabajar en todo lo que aún no funciona en mi vida a máxima capacidad?*
- *Si estoy operando al 20%, ¿qué podría hacer con el 80% restante, y lo tengo en conocimiento y valor y experiencia?*

Una vez que empiezas a comprender esta parte de ti, a comprender lo valioso que eres, es una experiencia totalmente nueva. Comprender la autovalía es crucial para vivir con una actitud positiva. La actitud desempeña un papel fundamental en el funcionamiento de tu vida.

ACTIVIDAD

La pieza número uno es *filosofía*. La pieza número dos es *actitud*. La número tres es *actividad*. *La actividad es lo que haces*. Nuestras vidas, en primer lugar, se ven afectadas por lo que conocemos, Segundo, nuestras vidas se ven afectadas por lo que sentimos. Tercero, nuestras vidas se ven afectadas por lo que hacemos. Es tan importante entender estas piezas clave del rompecabezas.

Si quieres influir en las personas y ayudarlas, el éxito es hacer. Tienes que hacerlo de verdad. La actividad es una alta prioridad en el proceso de la vida para recibir el máximo beneficio de lo que está disponible.

Las siguientes son preguntas importantes que debes responder.

- *¿Qué es tu filosofía acerca de la actividad??*

- *¿Qué del trabajo duro?*

- *¿Qué de largas horas?*

- *¿Qué de días llenos?*

- *Si estás haciendo algo, ¿con cuánto empeño debes hacerlo?*

- *¿Cuánto tiempo le debes dedicar?*

Todos tienen que desarrollar su filosofía acerca de la actividad. A modo de repaso, piensa en la semana pasada y considera estas preguntas.

Una cita del Antiguo Testamento dice: «Seis días de actividad, uno de descanso». Eso se llama filosofía de la proporción de actividad. ¿Qué proporción de descanso y actividad es buena para ti? Quizá seis y uno sea una filosofía demasiado antigua. Quizá cinco y dos sea mejor. No lo sé.

Todos tenemos una filosofía acerca de la actividad, que afecta al resto de tu vida. No pensar así es ingenuo. Una buena pista: el descanso es una necesidad, no un objetivo. La razón de la vida es el emprendimiento. La razón de la vida es la productividad. La razón de la vida es ver qué podemos hacer con las temporadas y las oportunidades y con nuestra mente y nuestro espíritu. De eso trata la vida: de ver lo que puedes hacer.

Ahora necesitas establecer una filosofía acerca de cuánto tiempo vas a dedicar a hacer. Yo he decidido que emprender es mejor que descansar. Si descansas demasiado, las malas hierbas se apoderan del jardín en verano, así que no puedes descansar por demasiado tiempo.

La vida se trata de ver lo que puedes hacer.

La vida no se detiene y la amenaza de los aspectos no deseados de la vida empezará a abrumar los buenos valores de la vida si lo permites. Permíteme que te dé una de las mejores filosofías que conozco con respecto a la actividad. Una antigua frase dice: «Todo lo que encuentren tus manos para hacer, hazlo con todas tus fuerzas». Esa es una filosofía. Puede que digas: «Bueno, yo me las arreglo con la mitad de mis fuerzas». Pues, eso puede estar bien para ti durante un tiempo, pero si decides que esa va a ser tu filosofía personal de actividad, prepárate para las consecuencias negativas.

Esta filosofía que acabo de mencionar dice que hagas lo que haces con todas tus fuerzas. ¿Crees que hay algún valor o virtud en esa actitud? Tienes que decidirlo; tienes que sopesarlo por ti mismo, ¿correcto? Tienes que evaluarlo y ponerlo en tu propia balanza mental, y luego tienes que encontrar tus propias respuestas para saber cuánto debes esforzarte.

Enseño a niños y adultos por igual la filosofía de las hormigas, una conocida perspectiva de la vida que encierra mucha verdad.

En primer lugar, *las hormigas nunca se rinden*. ¡Buena filosofía! Si se dirigen a algún lugar y algo se interpone en su camino para detenerlas, encuentran otra forma de llegar a donde están decididas a ir. Treparán por encima, treparán por debajo, treparán alrededor, siguen buscando otro camino. Qué gran filosofía para ti también: nunca dejes de buscar una forma de llegar a donde debes ir.

Número dos, *las hormigas piensan en el invierno durante todo el verano*. Esa es otra filosofía importante. No puedes estar tan desilusionado que solo piensas en lo bonito que es el verano cuando es seguro que llegará el invierno. Se ha dicho: «No construyas tu casa sobre la arena en verano». ¿Por qué es un buen consejo?

Porque aunque sea fácil construir tu casa sobre la arena durante los perezosos días de arena y sol del verano, pronto las lluvias del otoño y las tormentas del invierno arrasarán esa casa sin un fundamento firme. Las hormigas son inteligentes; piensan en el invierno durante todo el verano: se preparan para las tormentas de la vida que llegarán más pronto que tarde. Durante el verano, necesitan disfrutar del calor, pero también deben pensar en tormentas, pensar en roca, no solo divertirse al sol. Filosofía clave.

Número tres, *las hormigas piensan en el verano todo el invierno*. Estoy seguro de que durante todo el invierno las hormigas dicen: «El invierno no durará mucho. Pronto saldremos». ¡Otra gran filosofía y actitud! El primer día cálido, las hormigas estarán afuera trabajando. Si vuelve a hacer frío, se sumergen de nuevo en sus nidos; pero el siguiente día cálido, están afuera trabajando de nuevo. Apenas pueden esperar a estar activas. Apenas pueden esperar a poner manos a la obra.

En cuanto a las habilidades de liderazgo: las personas promedio esperan con impaciencia la hora de salir del trabajo; las personas exitosas esperan con impaciencia la hora de ponerse a trabajar. Esa actitud es lo que empieza a transformar sus vidas en el hacer, en la actividad.

Número cuatro y último de la filosofía de las hormigas: *haz todo lo que te sea posible*. ¿Cuánto recogerá una hormiga durante el verano para prepararse para el invierno? Respuesta: todo lo que pueda. Qué filosofía tan increíble: la filosofía de hacer todo lo que puedas. ¿Cuánto debes hacer? ¡Todo lo que puedas! Tienes que inventar una filosofía para saber cuánto

«¡Haz todo lo que puedas!»

debes hacer. Todos nos gobernamos por lo que pensamos, nuestra evaluación, lo que hemos decidido y cómo nos sentimos. Responder a esta gran pregunta es importante: ¿Qué debes hacer?

El Sr. Shoaff me dio la mejor respuesta cuando yo contaba con 25 años. Me dijo: «Haz todo lo que puedas».

¿Cuántos libros debes leer en los próximos seis meses? Tantos como puedas encajar en tu agenda, porque el libro que te falte no te servirá de nada. ¿Qué pasaría si alguien no leyera el libro *Piense y hágase rico* de Napoleon Hill? La persona tiene ahora 40 años y es pobre, no tiene éxito y no es feliz: no leyó el libro. Vivía en el país de las oportunidades, era una persona agradable y sincera, y trabajaba duro, pero no leyó el libro porque no hizo de la lectura una prioridad. No se sabe qué tesoro no encontrarás en tu vida si no lees la sabiduría que contiene este y muchos otros libros rebosantes de conocimientos y percepciones que te harán avanzar hacia tu meta.

¿Con cuánto empeño debes trabajar ? La filosofía de la hormiga lo dice todo.

Un hombre me dice: «Gano unos 50.000 dólares al año. A mis hijos les va bien. Pago mis facturas. ¿No son suficientes 50.000 dólares?» ¿Qué dirías si un hombre te dijera eso?

Le diría: «Sí, 50.000 al año son suficientes, si es lo mejor que puedes hacer».

"Suficiente" no es una cantidad; decimos que suficiente es lo mejor que puedes hacer. Si eres capaz de ganar medio millón de dólares al año y ganas 50.000 al año, decimos que eres perdedor.

Ahora bien, lo importante no es la diferencia entre 50.000 y 500.000 dólares. Lo importante es la extensión total de tu alcance, eso es lo importante. La única forma de sentirte lo mejor posible contigo mismo es extenderte al máximo de tu alcance, de tu alcance intelectual y de tu alcance físico, de tu potencial y de tu posibilidad de hacer lo mejor que puedas.

¿Qué debes hacer? Todo lo que puedas. ¿Cuántos libros debes leer? Todos los que puedas. ¿Cuántas habilidades debes aprender? Todas las que puedas. ¿A cuántas personas debes tocar? A tantas como puedas. ¿A qué cosas debes dedicarte? Tantas cosas como sea posible. ¿Por qué no ir al máximo?

Tengo una buena pregunta para ti. ¿Cuánto crecerá un árbol? Tanto como pueda. ¿Has oído alguna vez que un árbol crezca solo la mitad de lo que puede? No. Los árboles no crecen a medias, crecen al máximo. Echan sus raíces tan profundamente como pueden, se estiran tan alto como pueden y producen todas las hojas que pueden. Los árboles van al máximo.

Siempre tienes una elección que hacer.

¿Por qué los seres humanos se conformarían con menos del máximo de su capacidad? La respuesta es sencilla: tienen el poder de elegir hacerlo. El poder de elección viene con la dignidad de ser seres humanos. Siempre podemos elegir. He aquí algunos ejemplos: ser todo o ser parte.

Prepárate, este es una discusión filosófica muy interesante. Puedes elegir ser menos de lo que fuiste diseñado para ser, o puedes elegir ser todo lo que fuiste diseñado para ser. Simplemente te sugiero que reflexiones sobre lo que el todo podría hacer por tu vida en el próximo año, tres años o cinco años, si refinaras tu filosofía de actividad y persiguieras todo lo que quieres.

La diferencia de valor no es la cantidad. Si haces lo mejor que puedes y ganas 10.000 dólares al año, a eso lo llamamos suficiente. Si haces lo mejor que puedes y ganas un millón de dólares al año, lo llamamos suficiente. Suficiente no es la diferencia entre 10.000 y un millón de dólares. Suficiente es simplemente hacer lo mejor que puedes.

Un grupo de psiquiatras me invitó a dar una conferencia en Los Ángeles. Me pareció fascinante. Nunca me gradué de la universidad, pero querían oír mi historia, así que fui y les hablé a los psiquiatras. En medio de mi charla, tuve la osadía de decir: «Damas y caballeros, permítanme que les cuente lo que creo que más trastorna la mente».

Me preguntaron: «¿Qué crees que es lo que más trastorna la mente?».

Respondí: «Creo que simplemente hacer menos de lo que puedes es lo que trastorna la mente de la persona. Provoca todo tipo de daños psíquicos. Simplemente ser menos de lo que puedes ser, hacer menos de lo que podrías hacer, intentar

Hacer menos de lo que puedes trastorna tu mente.

menos de lo que podrías intentar, hacerlo con menos entusiasmo del que podrías, creo que de alguna manera daña la mente. Daña nuestra autoimagen porque esto es lo que he descubierto que ocurre. En el momento en que le das la vuelta a esto y empiezas a extenderte, el mayor valor no es el valor que obtienes de extenderte, sino cómo te sientes acerca de ti mismo.

«Porque no es lo que obtenemos lo que nos hace valiosos, sino lo que llegamos a ser, y parte del llegar a ser consiste en ver todo lo que puedes llegar a ser, ver todo lo que puedes hacer, ver cuánto puedes ganar, cuánto puedes compartir, cuánto puedes empezar, hasta dónde puedes llegar, hasta dónde puedes extender tu influencia. Ahora bien, ese tipo de compromiso con el pensamiento filosófico acerca de la actitud y acerca de la actividad, lo llamamos el potencial para cambiar la vida.»

Hasta ahora hemos cubierto tres de las cinco piezas principales del rompecabezas de la vida: la número uno es la filosofía; la número dos es la actitud; la número tres es la actividad. La número cuatro de las cinco piezas principales del rompecabezas de la vida son los resultados, ver qué hemos llegado a ser y qué hemos logrado.

RESULTADOS

Lo que importa son resultados. La búsqueda de la vida, la clave de la vida es llegar a ser lo suficientemente hábiles como para lograr realizar esfuerzos gratificantes. Nos deleitamos con los resultados de nuestra influencia, productividad, actividad, objetivos económicos, sociales, personales y espirituales alcanzados.

En la metáfora de la naturaleza, se trabaja duro y cuando llega el tiempo de la cosecha otoñal, cosechamos lo que ha surgido del milagro de nuestra mano y de la semilla y de la tierra y de las estaciones y de la lluvia: los cambios para afrontarlo todo y ver lo que hemos hecho con lo que estaba disponible.

Una de las historias antiguas más interesantes dice que un hombre tenía tres siervos y les dio talentos, o valor. La filosofía determina el valor, y una vez que entiendes que tienes valor, la clave está en ver qué puedes hacer con él. Ese fue el encargo que el amo le hizo a sus tres siervos. A uno le dio cinco talentos; al otro, dos; y al tercero, uno. Su encargo fue: «Vean qué pueden hacer con estos valores».

De la misma manera, de eso trata tu vida: de ver lo que puedes hacer con tu mente, de ver lo que puedes hacer con tus habilidades, de ver lo que puedes hacer con tus manos, de ver lo que puedes hacer con tu pensamiento, con tus posibilidades, con tus capacidades. La clave es ver lo que puedes hacer con todo lo que tienes, porque tu objetivo es obtener los mejores resultados. El amo dijo: «Me ausentaré un tiempo y, cuando vuelva, veremos los resultados».

Según la historia, es evidente que el amo estuvo fuera un tiempo razonable, lo que significa que no volvió cada cinco minutos para preguntarles a los siervos cuánto habían progresado. El hombre no esperó cinco años para volver y preguntarles acerca de su progreso: eso era demasiado tiempo esperar antes de preguntarles acerca del progreso que habían hecho en la larga lista de valores y experiencias humanas.

El amo regresó en un tiempo razonable, reunió a los tres siervos y les hizo una de las preguntas más importantes de la vida: «¿Cómo te fue durante el tiempo que estuve fuera? ¿Qué progresos has hecho? ¿Qué resultados puedes mostrarme?».

Le preguntó al siervo que tenía cinco talentos, y este le dijo: «Convertí cinco en diez». ¿Crees que esos dos números tienen algún significado? En la enseñanza superior, decimos que es muy importante entender los números. Son preguntas clave para la vida. ¿Se debe esperar que dupliquemos nuestros valores en un tiempo razonable? Respuesta, por supuesto. ¿No se debe esperar que progresemos?

Por ejemplo, ¿cuántos años quieres que pase tu hijo en cuarto grado? ¿Dirías: «Bueno, son buenos chicos, supongo que les daría tres o cuatro años»? No. Dirías: «Espero que mi hijo termine cuarto grado en un año». Tres o cuatro años es demasiado tiempo para progresar tan poco.

La vida espera que logremos progreso medible dentro de un tiempo razonable.

¿No sería importante hacernos esas mismas preguntas toda la vida? Sí que lo es.

Los escritorios de pirmer grado son pequeños, por lo que las personas de 21 años no cabrían en ellos. Preguntas razonables para hacerte a lo largo de la vida: «¿Qué estoy haciendo aquí ahora mismo? Ha pasado todo este tiempo. ¿Estoy progresando? ¿Estoy donde necesito estar? ¿Estoy multiplicando mis talentos?».

Creo que es vital, según la historia, pasar de cinco a diez en un tiempo razonable. El amo dijo en respuesta a los números del primer siervo: «Buen trabajo, bien hecho». Al segundo siervo, el amo le dijo: «¿Qué ha pasado con los talentos que te di?». El siervo respondió: «Convertí dos en cuatro». Me parece un uso significativo de los talentos. En parte, la vida es un juego de números.

¿Cuántos libros debes leer para estar adecuadamente preparado para debatir los principales asuntos de la vida en los próximos diez años? ¿Crees que es importante llegar a un número razonable de libros sobre una amplia variedad de temas para estar adecuadamente preparado para debatir los principales asuntos de la vida en los próximos diez años? La respuesta es sí, por supuesto.

Estas son valiosas lecciones de vida. Ya no se trata de solo lo básico necesario para vivir. Puedes comer pan y tener un par de zapatos y un lugar donde refugiarte de la lluvia y que te vaya bien, pero esto que estás leyendo ahora mismo se llama aprendizaje superior para el éxito, liderazgo e influencia. Son habilidades que te servirán tanto en el presente como en el futuro.

Los números son importantes en muchos aspectos de la vida. Por ejemplo, ¿cuántos kilos de sobrepeso debes tener a los 50 años? Aproximadamente. ¿Ninguno? Puede que uno o dos kilos. ¿Qué tal cinco kilos? ¿Y si nos acercamos a ocho? Con diez kilos de sobrepeso, podemos encender las luces rojas y las sirenas. No puedes pasar de diez kilos de sobrepeso y seguir con un grado razonable de seguridad para tu salud y tu futuro.

Los números son muy importantes. Cuando ha pasado un tiempo razonable, necesitamos decir: «Repasemos los números una vez más para asegurarnos de que no nos hemos desviado». Todo por longevidad tiende a desviarse del camino, de manera que tenemos que volver una y otra vez a lo que llamamos correcciones a mitad de camino. Si te diriges a la luna, el sistema de orientación inicial cuando despegas por primera vez no sirve para todo el viaje, tienes que hacer correcciones a medio camino. Cuando te diriges a la luna, no puedes fallar. No es como si te diriges a Kansas City y en vez de eso llegas a San Luis.

Los resultados son el objetivo final. Cuando ha pasado un tiempo razonable, las personas que piensan razonablemente examinan los números. Independientemente de lo que estos números puedan representar en habilidades o aprendizaje o capacidad o capital mental.

Entonces el amo le dijo al tercer siervo: «Te di un talento. ¿Qué ha sido de él?» Aquel siervo respondió: «Sigo teniendo el mismo talento». La historia dice que el amo perdió la calma, o algo así, que es la respuesta apropiada ante la falta de resultados. Tenemos que demostrar que lo insidioso es inaceptable. Tenemos que demostrar cuán vacía puede ser la vida sin un progreso mensurable. Tenemos que acertar con los problemas y los desafíos para no ceder con demasiada facilidad a lo que puede dejar nuestras vidas vacías en lugar de llenas y dejarnos con centavos en lugar de fortuna. Debemos tener una respuesta apropiada a la falta de resultados.

Jesús les dijo un día a sus discípulos: «¿Tiene higos esa higuera?». Es una pregunta importante para la vida si se trata de una higuera. Su discípulo respondió: «No, señor. Ese árbol no tiene higos». La historia dice que Jesús perdió la calma, una de las pocas veces que la perdió. Yo llamo a eso una respuesta apropiada a la falta de resultados. Supongo que la moraleja de la historia es que más vale que las higueras tengan higos, sobre todo cuando viene el Hacedor de la higuera. Los resultados son el objetivo final.

De la misma manera, ¿no deberíamos volvernos emocionales cuando experimentamos una falta de resultados? ¿No deberíamos fortalecernos filosóficamente, comprobar los números y tomar medidas para aumentar nuestros resultados?

He enseñado a chicos como ser ricos a los 40 años. Si vives en Norteamérica con bancos y capital y dinero e iglesias y sermones y bibliotecas y libros y enseñanza y capacitación y clases y mítines e inspiración, ¿no deberías ser rico a los 40 años?

Si no lo eres, ¿no debe haber un problema? No hay nada malo con el país, la comunidad, la biblioteca y los libros, y no hay nada malo con las iglesias, los sermones, la escuela y los maestros, y no hay nada malo contigo. Pero, hay algo malo en tu filosofía, alguien te vendió el plan equivocado. Es fácil creer en la filosofía equivocada y cometer errores de juicio que se convierten en centavos en lugar de tesoros.

Una de las principales razones para observar los resultados es ver qué puede estar fallando con la actividad. Quizá sea la actividad equivocada la que está produciendo pobres resultados. Muchas personas trabajan duro, pero no progresan mucho. Una lección que se enseña en habilidades de liderazgo: no confundas movimiento con logro. Es fácil engañarse por estar ocupado. La clave no es solo estar ocupado, la clave es hacer lo que se necesita hacer. Es fácil estar ocupado haciendo figuras de ocho en lugar de progresar mucho avanzando directamente hacia tu objetivo. Observa siempre los resultados para ver si puede haber alguna dificultad con la falta de actividad o una actividad mal dirigida.

Puede que la actividad sea un área en la que necesitemos trabajar, porque se requiere actividad para que nazca la empresa. La actividad disciplinada es como los dolores del parto. Ahora bien, no tengo experiencia en esto, pero estoy seguro de que las madres que lean esto dirán que dar a luz no es fácil. Pero no estaba destinado a ser fácil. Todo lo que tiene valor está destinado a ser costoso. La única forma de apreciar un valor es por su costo. Si no costara mucho, probablemente no lo llamaríamos valioso.

Ganar de verdad tiene un gran valor, pero el precio es jugar con todo el corazón y la mente y quizás perder a veces, de manera que cuando ganes, el valor de la victoria se convierta en un alto aprecio, simplemente porque entendemos ambos lados de la ecuación del precio y la promesa.

Cuando observamos la actividad y los resultados, quizá veamos que algo falla en la actitud. Quizá sea cómo nos sentimos. Quizá nos hemos desviado por influencia de cómo pensamos acerca de la sociedad y de cómo pensamos acerca de los impuestos y el gobierno, y de cómo pensamos acerca de las iglesias y los sermones y la gente y la escuela y el aprendizaje y las clases y la valía y el valor y la comunidad y la ideología. Son sentimientos acerca de todo eso.

Luego, si los resultados no están ahí, mira tu filosofía. Ten esta conversación contigo mismo «¿Dónde he fallado en el refinamiento de mi pensamiento? Porque mi pensamiento me ha traído hasta aquí. Quizá necesite algunos cambios en mis pensamientos, en mi forma de pensar, en los libros, en las clases, en las lecciones, en los estudios, en la toma de decisiones, en los errores de juicio. Si volviera atrás y corrigiera algunos errores de juicio, ¿afectaría a los tres años siguientes?». La respuesta es sí, por supuesto. El nuevo patrimonio sería asombroso, el nuevo tesoro sería emocionante, simplemente con hacer algunas correcciones en filosofía. Toma mucho tiempo para observar los resultados, comprobar los errores y hacer correcciones.

ESTILO DE VIDA

La número cinco de las cinco piezas del rompecabezas de la vida es *el estilo de vida*. El estilo de vida es simplemente cómo eliges vivir, cómo diseñas tu vida. Es clave comprender que algunas personas han aprendido a ganar bien, pero no han aprendido a vivir bien. Las personas estudian economía, pero no estudiaron el estilo de vida; de modo que tienen el dinero, pero no la alegría.

El estilo de vida es descubrir formas de vivir de forma singular. Es un estudio, una práctica, un arte. Es tanto una habilidad como la economía: aprender a vivir bien, encontrar formas de aportar alegría, placer, emoción, aprecio y conciencia de lo singular que puede ser la vida. Un estilo de vida sano y satisfactorio no llega por accidente. La felicidad no es un accidente, es un arte.

El estilo de vida no es una cantidad. La cultura no es una cantidad. La sofisticación no es una cuenta. La sofisticación es una práctica, es un arte, y cualquiera que lo desee puede dedicarse al arte de la sofisticación. Comprender la diferencia entre baratijas y tesoros, el estilo de vida.

Estilo de vida: vivir bien.

3

EL TOQUE HUMANO DE LAS PALABRAS

Para tomar el control de tu vida, tienes que ser bueno en la comunicación. De hecho, tienes que estar consciente de tu comunicación diaria con otros, considerándola como una sesión de práctica para mejorar para que cuando las ocasiones verdaderamente importantes surjan, tendrás el don y tendrás el estilo. La práctica mejora la exactitud, la claridad, la sustancia y la emoción.

HABILIDADES DE BUENA COMUNICACIÓN

Las buenas comunicaciones ocupan el primer lugar en la lista de prioridades de las habilidades de liderazgo. De todas las habilidades que hay que aprender, esta debe ser la primera, la principal; aprender mediante el lenguaje a afectar la vida y la mente de otra persona, aprender mediante palabras y frases y enunciados a comunicarse eficazmente con otros. Aquí es donde reside parte de la fortuna, en usar el lenguaje. Hay poder y autoridad en las buenas comunicaciones. Hay conexión en el toque humano de las palabras. Se

Las palabras traducen un intercambio de pensamientos e ideas entre las personas.

dijo que la pluma es más poderosa que la espada. Y es cierto. Las palabras son poderosas.

Un antiguo versículo dice: «Dios era el Verbo, y el Verbo era Dios». Es lenguaje potente para ilustrar cuan poderosa es la Palabra. Las palabras pueden cambiar la vida. Las palabras pueden dar vida. Las palabras pueden formular ideologías, democracia, libertad, capitalismo y todo lo que disfrutamos en este singular país. Tenemos que encontrar la manera de dar palabras a toda nuestra buena fortuna para que pueda ser entendida. Las palabras forman las imágenes de nuestras mentes. Las palabras ayudan a traducir un intercambio de pensamientos e ideas entre seres humanos.

Una de las habilidades más importantes de una buena comunicación es aprender una abundancia y variedad de palabras, frases y enunciados, ya sean escritos o hablados. El lenguaje puede afectar poderosamente a nuestras vidas y a las de otros.

Hay cuatro pasos para lograr y usar las habilidades de buena comunicación. Son fundamentos básicos. Alguien ha dicho: «Ser exitoso no es hacer cosas extraordinarias. El éxito es simplemente hacer cosas ordinarias extraordinariamente bien». Así que hablemos de algunas cosas bastante ordinarias y veamos si podemos encontrar una manera extraordinaria de ponerlas en acción.

Hay cuatro pasos para llegar a ser un buen comunicador:

1. Ten algo que decir.

2. Dilo bien.

3. Lee a tu público.

4. Carga tus palabras de intensidad.

1.TEN ALGO BUENO QUE DECIR

Número uno, ten algo bueno que decir. Por supuesto, ese es un primer paso obvio. Pero recuerda que el éxito es un estudio de lo obvio, un estudio refinado. Así que para lograr buenas comunicaciones, lo primero es tener algo que decir que las personas quieren o necesitan oír. En lenguaje de computadora es muy sencillo. Nada dentro. Nada fuera. No puedes hablar de lo que no sabes. No puedes compartir lo que no sientes, y no puedes traducir lo que no entiendes. No puedes dar lo que no posees.

Así que para darlo, para compartirlo y para que lo que tengas que decir sea efectivo, tienes que poseerlo. Toda buena comunicación empieza por la preparación, una palabra clave. Una gran parte de nuestra vida consiste simplemente en prepararse. Los primeros cinco años de vida fueron para prepararnos para empezar nuestra educación formal. Los nueve años siguientes nos prepararon para la escuela preparatoria, que a su vez nos preparó para la educación superior si es que decidimos ir a la universidad.

Diecisiete años o más es mucho tiempo para prepararse para tener un empleo remunerado y ganarse la vida, para salir al mercado y ver lo que podemos hacer. Gran parte de la vida es simplemente prepararse.

Ahora bien, para prepararte para ser un buen comunicador, tienes que dedicar parte de tu año, parte de tu día a prepararte para el siguiente día, parte de la semana a prepararte para la siguiente semana. Es muy fácil ser despreocupado y no prepararse continuamente para el siguiente día, la siguiente semana, el siguiente mes, el siguiente año. Sin embargo, la comunicación es una de las áreas más importantes para estar preparado. Palabra clave: investigación, investigación continua.

Es fácil tener la esperanza de que las habilidades que aprendiste en la escuela preparatoria o en la universidad perdurarán a lo largo de tu carrera y que la información que reuniste será suficiente por muchos años en adelante, pero no es así. Tenemos que aprender continuamente, crecer continuamente. La preparación consiste en acumular una cuenta de la cual puedas retirar lo que necesites cuando lo necesites para comunicarte eficazmente con una variedad

¡Prepárate a propósito!

de personas. Cuando te prepares para hablar, asegúrate de tener un cheque verbal que puedes cobrar.

El poder de la buena comunicación es evidente cuando lo que dices es solo la punta del iceberg de todo lo que sabes. Cuando estás preparado y listo para el momento, este tiempo, esta ocasión, lo que digas será impactante, interesante y mantendrá la atención del oyente.

Estoy seguro de que has estado con personas que te han hablado de más de lo que sabían. Y no les tomó más que un breve espacio de tiempo quedarse sin ilustraciones, agotar todas sus historias, lo que significa que no estaban preparadas para comunicarse efectivamente.

Ahora bien, tengo que admitir que en algunos aspectos es posible ir por la vida aprendiendo por accidente. Hay algunas cosas que puedes aprender simplemente yendo de pared en pared y tropezando de día en día y tambaleándote de semana en semana. Pero el 99% restante de lo que necesitas saber tiene que ser a propósito. Preparación a propósito: buena frase.

Pregúntate: «¿Estoy llevando a cabo una preparación a propósito para prepararme a usar las habilidades de comunicación necesarias que me llevarán adonde quiero ir?». Buena pregunta. ¿Tienes una buena respuesta?

Es por eso que estás leyendo este libro, para hacerte algunas de las preguntas difíciles. Y poder contestarlas.

Yo tenía 25 años cuuando conocí al Sr. Shoaff, y recuerdo que me hizo preguntas difíciles.

Me dijo: Llevas seis años trabajando (empecé a trabajar a los 19). Dime, ¿cómo te va con ese trabajo?

No muy bien, respondí.

Y entonces me sugirió que ya no trabajara más en eso.

Luego me preguntó cuánto había invertido, y le respondí que nada.

Shoaff dijo: ¿Quién te vendió ese plan?

Vaya, preguntas difíciles. Es tan importante que alguien venga y nos haga las preguntas difíciles y no nos permita conformarnos con cifras pequeñas y respuestas pequeñas.

De manera que eso es lo que hago por ti en este libro, plantear algunas de las preguntas difíciles.

PALABRAS CLAVE DE COMUNICACIÓN

Palabras clave para prepararte para exhibir una buena comunicación y ser un buen comunicador: interés; fascinación; sensibilidad; conocimiento. Veamos cada una de ellas con más detalle.

Interés

Número uno: *interés*. Para prepararte para comunicarte de la mejor manera posible, te insto a que adoptes un nuevo interés por la vida. He aquí una buena declaración que puedes hacer al principio del día: «Voy a interesarme más en este día. Voy a ver si puedo sacarle más partido al día».

Es fácil intentar simplemente sobrevivir el día. Pero las personas exitosas y sofisticadas aprenden a aprovechar el día. No quieren que pase un día sin recopilar nuevas ideas, nuevas impresiones, nuevo color, nuevos matices, nuevo sentido de valía y valor. Recopilan del día, interés. Dos de los principales temas para estudiar con interés son la vida y las personas. Desarrolla un interés nuevo, más agudo, y enfócate en la vida y en las personas, en lo que está ocurriendo, en lo que está pasando.

Dos temas principales que estudiar con interés: la vida y las personas.

Tu nuevo compromiso con un nuevo interés para el día te prepara para los años venideros, porque con temas interesantes de los cuales hablar surgen nuevas oportunidades de compartir con otros. Podrás decirlo bien porque sabes de lo que hablas, porque has pasado por el laborioso proceso de recopilar, extraer y procesar la información para tu beneficio y el futuro beneficio de otros que cosecharán la sabiduría que tienes que compartir. Así que la primera palabra clave es interés.

Fascinación

He aquí la segunda palabra, *fascinación,* que va un poco más allá del simple interés. Las personas interesadas están satisfechas de que funcione, y eso es bueno saber. Pero las personas fascinadas quieren saber qué hace que funcione. Las personas fascinadas no suelen estar satisfechas con información superficial. Necesitan saber más de lo que parece. Quieren saber qué ocurre realmente.

En los años 60, a menudo se oía a los hippies preguntar: «¿Qué está pasando?». Buena pregunta. Los hippies «sofisticados» podrían haber preguntado: «¿Qué está pasando realmente?». O en otras palabras, ¿qué está tomando lugar realmente? ¿Qué está causando que ocurran las cosas? ¿Por qué las personas sienten lo que sienten y piensan cómo piensan? ¿Cuál es la diferencia entre el éxito y el fracaso? ¿Quién tiene apetito y quién no para mejorar en la vida?

Te insto a que absorbas una fascinación totalmente nueva acerca de la vida y las personas y las circunstancias y la sociedad y el dinero y los bancos y las iglesias y los sermones y los libros y los registros y las experiencias de vida y el emprendimiento y las naciones y el color y las razas y la religión: una fascinación emocionante por todo el amplio y maravilloso panorama de la vida y las experiencias de vida. Si echas un vistazo sinceramente fascinado a lo que ocurre en casa, en el trabajo, en la comunidad y más allá, tu perspectiva se ampliará y se mostrará en vivo color y evidente precisión en las futuras comunicaciones con todos los que conozcas. Tus conversaciones tendrán un nuevo alcance y una nueva profundidad, una nueva percepción y un nuevo entusiasmo.

Para poner a prueba esa teoría mía, te animo a probar el siguiente experimento. La próxima vez que sientas la tentación de sentirte frustrado, procura convertir esa situación en fascinación. Convertir la frustración en fascinación es una habilidad excelente para aprender. Mi ejemplo: Estoy sentado en la autopista en Los Ángeles. Mi avión sale dentro de 45 minutos. El tráfico no se está moviendo ni un milímetro. ¿Puedo convertir esta experiencia frustrante en algo fascinante? Sí. Puedo concentrarme en el clima o pensar en lo que están pasando con las personas que están en los automóviles a mi alrededor, algunas de las cuales pueden estar enfrentándose a circunstancias más graves que la simple pérdida de un avión. Tal vez un padre esté agradecido por el tiempo extra que puede pasar con sus hijos en el automóvil después de una mañana muy ocupada. Intenta convertir la frustración en fascinación.

Si se dibuja una sonrisa en tu rostro, otros se preguntarán qué ocurre y probablemente sonreirán también. Pero será algo privado entre tú y yo: recordarás haber leído este truco cuando tomes el control de tu vida en situaciones frustrantes. Convertir la frustración en fascinación es una disciplina y una habilidad esenciales que debes aprender.

Sensibilidad

La siguiente palabra clave significativa es sensibilidad. Para comunicarte realmente bien y conectar con las personas de una variedad de maneras, tienes que haber sentido la experiencia por ti mismo. Tiene que formar parte de ti. La capacitación en sensibilidad significa sentirse tocado, o afectado, por una amplia gama de experiencias humanas, quizá incluso más allá de la tuya propia.

Se han escrito palabras increíbles acerca del gran maestro Jesús. Dicen que Él se compadecía de las personas. Lo que ocurría le conmovía. Le tocaba. Le afectaba. Y en más de una ocasión, lloró. Así que, en mi mente, parte del drama humano de la experiencia es que realmente seamos capaces de llegar a la gente y tocar a la gente con palabras e ideas y emoción y frases y oraciones cargadas de sentimientos; por lo tanto, tenemos que ser conscientes de esta área de sensibilidad, que es ser tocados, ser afectados por nuestras propias experiencias vitales, así como por las vidas de otros.

La sensibilidad —ser tocado, ser conmovido— forma parte de las cosas pesadas que aparecerán en nuestro lenguaje y en nuestra comunicación. He vivido una vida bastante privilegiada, así que he tenido que trabajar mucho en esto. ¿Qué sé yo acerca de tragedia? Nunca he vivido una tragedia. Pero parte del mundo es trágico. Parte de la vida es trágica. Si no intentas al menos comprender el lado oscuro de la vida, el lado trágico, el lado de la pena extrema, tu vida queda un poco superficial.

A veces, cuando vives una vida privilegiada, tienes que, en ocasiones, aventurarte fuera de tu pequeño mundo de experiencias aisladas y ver por ti mismo lo que es vivir como podría haber vivido otra persona, si es posible. Intenta al menos dejarte tocar por las experiencias de otros. No lo puedes saber de verdad hasta que lo vivas personalmente. Comprendo eso. Pero al menos puedes intentar ponerte en los zapatos de otra persona, por así decirlo. Si haces aquí tu tarea de sensibilidad para adquirir una gama de experiencias más amplia que la tuya, te prometo que ese valor adicional se manifestará en tu conversación y en tu comunicación, revelando un tú más profundo y compasivo.

Cuando yo vivía en el norte de California, iba a San Francisco dos o tres veces al año para pasar un día en el distrito de Tenderloin. Para un campesino del estado de Idaho, la zona de Tenderloin, en San Francisco, era toda una experiencia. Vi lo que nosotros llamamos el otro lado. Siempre salía de allí con una sensación totalmente nueva de la gran distancia que hay entre el fracaso y el éxito, toda la distancia que hay entre la bondad y la maldad, entre la desesperación y la alegría.

Cuando aprovechas la oportunidad de caminar por un estilo de vida distinto del tuyo, sales de allí con un mayor sentido del valor, porque los verdaderos valores de la vida provienen del contraste. A menos que experimentes más el contraste, incluso los valores que consideras valiosos se vuelven un poco superficiales, si no comprendes el contraste.

Es difícil apreciar realmente lo que es ganar hasta que hayas perdido algunas veces. Es difícil apreciar el éxito hasta que hayas fracasado algunas veces. Si has fracasado algunas veces, el éxito adquiere ahora un valor y una importancia mucho mayores, cuando comprendes un poco el otro lado.

Así que parte de adquirir sensibilidad consiste en ir deliberadamente. ¿Adónde? Dondequiera que haya experiencias más allá de las tuyas para obtener algo de educación en cuanto al contraste de la vida y las diferencias. Educarás tu mente y educarás tu espíritu. Seguro que ese valor adicional empezará a aparecer en tus frases y en tus palabras, que se volverán más pesadas, más densas. Significarán más cuando hables con alguien.

Conocí a Frank, el cantinero de un bar de mala muerte en el Tenderloin. Frank ve más tragedias en una semana que la mayoría de las personas en toda su vida. Un día estaba visitando a Frank y conversamos. Frank me preguntó: —¿Ves a esa dama sentada allí en el asiento de la barra?.

Y yo dije: —Sí.

—¿Qué edad crees que tiene?

Le dije: —Tiene 45.

Frank dijo: —Tiene 25.

Vaya, pensé.

Me dijo: —Esa es Cookie. Cookie era bailarina gogó en la época del gogó. Desarrolló algún tipo de enfermedad ósea en las piernas y las caderas. La han sometido a todo tipo de operaciones con pernos y clavos para intentar mantenerla intacta. Ahora está lisiada y apenas puede caminar. Así que sus días de gogó han terminado.

Efectivamente, pude ver que Cookie estaba gravemente lisiada.

Frank dijo: —Cookie también tiene un hijito de cinco años, que se está muriendo de leucemia. Cookie viene varias veces a la semana, se sienta en ese taburete y pone un poco de música para intentar alegrarle la vida. Suele beber demasiado y se emborracha, y tengo que llamar a un taxi para que venga y la lleve a casa.

Vaya, pensé, *¿cómo es que su vida resultó así y la mía de esta manera? ¿Cómo es que puedo viajar por todo el mundo y para Cookie es difícil incluso volver a casa?*

Esa clase de exposición, esa clase de sensibilidad, esa clase de estudio de otro ser humano. Sé que no se puede conocer realmente toda la historia de la vida de otra persona a menos que la hayamos vivido. Lo comprendo. Pero puedes esforzarte mucho por intentar comprender una gama más amplia de experiencias humanas. Y si permites que esas experiencias te toquen, que te afecten, que te eduquen, que te proporcionen una gama más amplia de riqueza y valor emocional, te digo que ese valor adicional empezará a aparecer en tu lenguaje, en tus palabras y en tu presencia.

Puedes tocar a personas que antes no podías tocar. Puedes llegar a las personas a las que antes no podías llegar. Tus palabras atraerán a las personas más de lo que lo hacían antes, solo con pasar por algunos de estos encuentros.

Así que te estoy pidiendo que consideres la palabra sensibilidad y te preguntes: «¿En qué puedo involucrarme para tener una comprensión más amplia del sufrimiento humano, así como de la alegría humana, del dilema, así como de la confianza, de la alegría, así como de la tristeza, del éxito, así como de los fracasos de la vida?».

Te animo encarecidamente a que adquieras una comprensión en un sentido más amplio y permitas que eso repercuta en tu capacidad futura de tocar y llegar a otros. Palabra clave: sensibilidad.

Conocimiento

La buena comunicación comienza con esta laboriosa tarea de recopilar conocimiento práctico. El conocimiento práctico es el conocimiento que reúnes deliberadamente y que te servirá en el futuro. Por eso el Sr. Shoaff me enseñó a escribir un diario personal.

Me dijo: «Reúne conocimiento práctico, conocimiento que repasarás, conocimiento que revisarás, ideas que volverás a repasar una vez más para encontrar el significado extra, la profundidad extra, el valor extra, el mérito extra, conocimiento práctico».

Tu biblioteca, los libros que lees, los intentos deliberados de ampliar tu comprensión, estas disciplinas son muy importantes para mejorar tus habilidades de comunicación: cantidades cada vez mayores de refinamiento del intelecto. Conocimiento práctico.

TEN ALGO BUENO QUE DECIR

Hemos tratado el interés, la fascinación, la sensibilidad y el conocimiento, todos los cuales respaldan mi punto número uno en las buenas comunicaciones: tener algo bueno que decir.

Me pidieron que diera una charla a un club de servicios y estaba intentando pensar en un buen tema para mi charla de mediodía. Se me ocurrió: «Los cuatro "sí" que hacen que la vida merezca la pena». Pensé que era algo bueno que decir y que debía plasmarlo aquí para ti.

Primero, la vida merece la pena, si aprendes. Tus propias experiencias pueden ser un gran maestro. En los últimos tres años, probablemente has estado haciendo la vida bien, o haciéndola mal. El Sr. Shoaff me lo señaló cuando tenía 25 años. Me dijo: «No ignores los últimos seis años. Seis años es una buena cantidad de tiempo para repasar y evaluar y poner en la balanza y decir: 'O pesa o no pesa'. O vas por buen camino o no vas». Te ofrezco el mismo consejo, toma nota de tus propias experiencias pasadas: ¿has estado aprendiendo?

Otra forma de aprender es de las experiencias de otras personas. Recopila las experiencias de otras personas (EOP). Si alguien pasara por una experiencia trágica o emocionante durante cinco años y la persona escribiera un libro que pudieras leer en cinco días, ¿no sería una ventaja excepcional? Sí, si lees el libro. No te estoy hablando de cosas casuales. Se trata de la clase extraordinaria de aprendizaje y habilidades que son necesarias, creo, para obtener los altos tesoros de la vida.

Creo que el tiempo, el esfuerzo y la disciplina son un pequeño precio a pagar por los tesoros de toda la vida: la lectura adicional, el compromiso adicional con la excelencia del aprendizaje. La vida merece la pena si aprendes.

Segundo, la vida merece la pena si intentas. Tienes que intentar con lo que sabes. ¿Puedes ganar el próximo partido? ¿Realizar la próxima venta? ¿Escribir la próxima gran novela? ¿Disfrutar de la próxima clase? No lo sabrás si no lo intentas. Comprométete a intentarlo.

Cuando se escriba el libro final sobre ti, permite que muestre tus victorias y tus derrotas, pero no permitas que muestre que no jugaste. ¿Cómo explicarías eso? De manera que tienes que jugar. Tienes que intentar. Ver qué puedes hacer con tu vida. Ver qué puedes hacer con el próximo partido. La clave de la vida es intentar.

TOMA EL CONTROL DE TU VIDA

Pongo la barra a un metro y pregunto a los niños: «¿Quién puede saltar un metro?». Obtengo una gran variedad de respuestas. «Creo que no». «No estoy seguro». «No lo sé». «Sí, puedo». Yo digo: «Bueno, ¿cómo vamos a saberlo? Tienes que intentarlo». No conozco otros métodos. Solo tienes que intentar.

Igualmente, ¿quién sabe si puedes saltar un metro hasta que lo intentes? Si lo intentas y derribas la barra, ¿significa eso que no puedes saltar un metro? No. Así que vuelve a intentarlo. Inténtalo otra vez. Inténtalo otra vez. Inténtalo de otra manera. Inténtalo con más velocidad. Hay muchas formas de intentarlo. Se te presentarán muchos desafíos; no te rindas, inténtalo una y otra vez hasta que superes cada uno de ellos.

Tercero, la vida merece la pena, si permaneces. Tienes que aprender a permanecer aun en lo difícil. Tienes que aprender a permanecer desde la primavera hasta el otoño. Muchas personas plantan en primavera y se marchan en verano. Se van el primer día de calor.

Yo estaba seguro de que John duraría un mes. Pregunté:
—¿Dónde está John?

—No lo sé, alguien dijo algo que lo asustó y renunció.

Para ganar, tienes que aprender a permanecer. Aunque estés atrasado en el primer cuarto del partido, no te vayas. Tienes que permanecer y resistir. La persona que lleva el control de su vida edifica un fundamento y luego se queda para edificar sobre ese fundamento, añadiendo paredes y un tejado. No se va, se aleja y construye otro fundamento. Mantente ahí a largo plazo: la fuerza se gana permaneciendo.

En cuarto lugar, la vida merece la pena, si te importa. Este es un valor humano importante. Escribí: «Si te importa algo, obtendrás *algunos* resultados. Si te importa lo suficiente, obtendrás resultados *increíbles*». Haz que te importe tu día y usa su tiempo, que te importe la gente y ayúdalas con sus posibilidades; que te importe la empresa, su dignidad y su reputación; y que te importes tú mismo para llegar a ser todo lo que puedas llegar a ser, estirarte todo lo que puedas estirarte, lograr todo lo que puedas lograr, convertirte en todo lo que puedas llegar a ser.

Que te importe es tener algo bueno que decir. El primer paso para una buena comunicación es la preparación: investiga, prepárate, haz depósitos en tu cuenta bancaria mental, espiritual y moral de los cuales puedas disponer.

2. DILO BIEN

El segundo paso para lograr una buena comunicación es decir bien lo que tienes que decir. Por fin hemos llegado aquí. Cuando tengas algo bueno que decir, el número dos es obvio, aprende a decirlo bien. Una vez que tienes la información y la conciencia y la comprensión, el conocimiento, ahora la clave de una buena comunicación es cómo traducirlo en palabras, emociones, sentimientos, frases, enunciados, párrafos significativos.

Es muy importante saber traducirlo de manera que el oyente pueda beneficiarse de lo que dices.

Aprender a decirlo bien es todo un tema que merece un fin de semana de estudio. Permíteme que te dé una breve lista de sugerencias para aprender a decirlo bien:

- *Repetición*
- *Brevedad*

- *Estilo*

- *Vocabulario*

Número uno, la **repetición**. Se necesita práctica para decirlo bien. No conozco ningún sustituto de la práctica. Para aprender cualquier habilidad, tienes que repetirlo una y otra y otra vez. Mi primer intento de dar conferencias, sobre todo fuera de mis cómodos círculos empresariales, fue bastante duro.

Aprender a decirlo bien fue una lucha para mí. Pero seguí y seguí, y ahora soy mejor. Uno de mis seminarios se titula «Desafío para tener éxito». Dura unas cuatro horas, y puedo hacerlo sin apuntes. De vez en cuando, alguien me pregunta: «Esta tarde diste una conferencia de cuatro horas sin apuntes. ¿Cómo puedes hacerlo?»

Contesto: «Es muy sencillo. Lo he hecho miles de veces». Eso es sencillez. Simplemente lo haces una y otra vez y a menudo.

Tengo otra buena pregunta para ti: «¿Cuánto tiempo quieres que te lleve llegar a ser bueno en lo que haces?». Probablemente responderás: «No mucho tiempo». Entonces tienes que hacerlo con frecuencia. La repetición inicia la habilidad. La repetición tiene que hacerse con el objetivo de mejorar. A veces es fácil ser casual con la repetición, lo que significa que no mejorarás mucho. ¿Qué del hombre que lleva diez años haciendo presentaciones, y lleva diez años cometiendo los mismos errores verbales?

Quizá hace diez años dijo: «No sé muy bien cómo decir esto». Y diez años después, dice: «No sé muy bien cómo decir esto».

Los oyentes dicen: «Oye, diez años es demasiado tiempo para no saber cómo decirlo. Podemos darte diez horas para que no sepas cómo decirlo. Puedes estirar nuestra paciencia y tomar diez días para no saber cómo se dice, pero no podemos darte diez años». Diez años es demasiado tiempo para no progresar lo suficiente en mejorar las habilidades lingüísticas.

La repetición con propósito es vital. El propósito de la repetición es crecer y cambiar, desarrollarse, expandirse, progresar: hacer mejoras en un comentario, un argumento de venta, una presentación, lo que sea que se necesite decir, bien elaborados y bien dichos.

Decirlo bien también incluye la sinceridad: hablar desde el corazón con intención noble, con la intención de aportar valor. La sinceridad aumenta inconmensurablemente tu capacidad para hablar bien y comunicarte con eficacia. No hay sustituto para la sinceridad. Puedo perdonarte un error de juicio, pero no puedo perdonarte un error de intención.

El número dos: **brevedad.** Parte de decirlo bien es ser breve. No te detengas demasiado en un tema al hablar. He descubierto en mis conferencias y charlas por todo el mundo que no puedo detenerme demasiado en un punto porque los oyentes pierden el interés.

Yo solía contar historias demasiado largas. Le seguía y seguía. Cuando llegaba al punto clave, la gente se había olvidado de cómo había empezado y el punto clave no tenía sentido. Demasiado largo. La brevedad es muy importante porque la capacidad de atención humana es corta. Tienes poco tiempo para decir lo que tienes que decir antes de perder a tu público.

Jesús, el gran maestro de la comunicación, fue probablemente el que mejor seleccionó a Su equipo. Observó a alguien y le dijo: «Sígueme». Eso es breve. Eso es decir poco. Era breve y, sin embargo, eficaz. Por supuesto, por ser quien era, no tuvo que decir más.

Creo que a veces intentamos compensar con palabras lo que nos falta de confianza en nosotros mismos. Así que parte de la clave para ser breve es el desarrollo personal, el crecimiento personal, la conciencia personal, la comprensión de la autovalía. Tener confianza en uno mismo te permite usar la economía de palabras. Es una buena posición en la cual estar: lo que eres añade tanto peso a lo que dices que no tienes que decir mucho para que se entienda lo que quieres decir. La brevedad es un punto a favor cuando se dice bien.

Número tres: **estilo.** Hay muchos aspectos del estilo, desde el lenguaje corporal y los gestos hasta las expresiones faciales y los ojos y la emoción. El estilo desempeña un papel muy importante en la comunicación.

Comunicar bien no solo tiene que ver con el tema, sino también con tu estilo. El estilo es importante para captar la atención, para destacar un punto, para provocar una respuesta. Un par de puntos útiles sobre el estilo: Sé un estudiante de estilo, no copies el estilo de otro. Asegúrate de que el estudio de estilo se convierta en algo distintivo tuyo. También sé un estudiante de cómo habla alguien —tono, ritmo, etc.—, quizá tomando prestados fragmentos de las personas a las que admiras y de la forma en que saben comunicarse.

Luego asegúrate de que toda tu investigación y estudio se fusionan en tu propio estilo distintivo. Hay una gran variedad de estilos y el tuyo se hará evidente cuanto más practiques y aprendas a sentir lo que parece encajar mejor.

Juan el Bautista tenía un estilo singular. Salía del desierto vestido con pelo de camello, y su dieta eran langostas y miel silvestre. Gritaba y maldecía al rey y otras personas. Ese era su estilo. La gente acudía a ver a Juan, estoy seguro. Estoy seguro de que se corrió la voz. «Tienen que venir a ver a este tipo». No solo lo que decía, sino que su estilo, estoy seguro, era algo para ver. Juan tenía un estilo singular que atraía a la gente hacia él para escuchar lo que tenía que decir. Su primo, Jesús, tenía un estilo totalmente diferente, Su propio estilo singular, y también atraía a multitudes.

Al estudiar tu propio estilo, no tengas miedo de preguntarte: «¿Cómo se percibe mi estilo? ¿Debo hacer más énfasis? ¿Debo aprender a ser más enfático? ¿Cómo es mi tono de voz?». Todos estos detalles y muchos más tienen que ver con el estilo.

El cuarto es **vocabulario.** Decirlo bien significa usar las palabras apropiadas. Para ampliar mi vocabulario inicial, acostumbraba a escribir en una tarjeta tres o cuatro palabras y sus definiciones y la ponía en el parasol de mi automóvil. En esos días, viajaba mucho en automóvil.

Sin duda, al final del día había ampliado mi vocabulario. Algunos de mis amigos tomaron una encuesta entre los presos de Nueva Inglaterra e hicieron un descubrimiento muy importante para un programa de rehabilitación en el que estaban trabajando. Descubrieron que definitivamente existe una relación entre el vocabulario y el comportamiento. Cuanto más limitado es el vocabulario, mayor es la tendencia al mal comportamiento. Me pareció asombroso que el vocabulario afectara al comportamiento.

Pensando un poco sobre ello, tiene sentido. He aquí por qué. El vocabulario es una forma de ver. Una razón del vocabulario es interpretar lo que vemos, interpretar lo que oímos. El vocabulario de la mente lidia con las palabras y las imágenes que vienen a nuestra mente. De manera que si tienes un vocabulario limitado, pobre en cuanto a palabras y habilidades y herramientas con las cuales interpretar, puedes imaginarte los errores y las equivocaciones que cometes en tu juicio. Como el vocabulario es una forma de ver, si no ves bien, puedes imaginar los errores y cómo se agravan a medida que transcurre la vida.

Con el vocabulario interpretamos y expresamos. Las palabras que conocemos son las únicas de las cuales disponemos. Las palabras que conocemos son las únicas herramientas de las cuales disponemos para interpretar lo que ocurre, para interpretar lo que se dice y para expresar tu corazón y tu mente. Si no puedes interpretar bien y si no puedes expresar bien, puedes imaginarte lo disuasivo que es eso para la buena

Las acciones no son un sustituto de las palabras.

vida y los tesoros, sentimientos, conciencia, riquezas, poder e influencia adicionales. De manera que es muy sabio tener un vocabulario bueno y amplio.

Uno de los libros más valiosos de tu biblioteca debe ser un diccionario. Te animo a que lo repases de vez en cuando. Las palabras son fascinantes, su origen y su significado.

No olvides decirlo: es la última parte de decirlo bien. Practica el arte de decir bien lo que tienes que decir. Cada vez que puedas, dilo bien. Es fácil ser perezoso en el lenguaje y no practicar el don y el arte.

Luego, cuando llegue el momento de dar una charla importante, de apelar a un niño, de conversar con un compañero de trabajo, de convencer a un cliente, si no practicamos las habilidades de una buena comunicación, se convertirá en un hábito dar la impresión de ser mediocres en lugar de excepcionales.

Podemos olvidar rápidamente las palabras, perder la exactitud y la claridad, y vacilar a la hora de usar el vocabulario que conocemos simplemente porque no practicamos todos los días. Si quieres ser un buen comunicador y mejorar tu forma de comunicarte, tienes que ser consciente de cómo hablas cada vez que abres la boca. Entonces, cuando surjan las ocasiones realmente importantes, tendrás el don y tendrás el estilo. Tendrás la agudeza, la claridad, la sustancia y la emoción. Hablar con confianza se convertirá en algo natural y fácil.

Recuerda esta frase clave: las acciones no sustituyen a las palabras. No dejes de decirlo. Puede que hayas escuchado la vieja expresión: las palabras no sustituyen a la acción. Es cierto. Hablar, hablar, hablar y nunca actuar no es bueno. Pero actuar, actuar, actuar y nunca hablar tampoco es bueno.

Debemos estar dotados de palabras si queremos el tesoro completo de la vida. Así que practica en cada ocasión.

Por ejemplo, es bonito enviar flores a alguien, pero las flores tienen un vocabulario limitado. Lo mejor que pueden decir las flores es que te has acordado de alguien o que te importa, eso es todo. Las flores no pueden decir: «Eres una parte increíble de mi vida. Nadie en este mundo me afecta como tú». Junto con las flores, escribe en la tarjeta algo que salga de tu corazón. Añade el don de las palabras a la acción.

Empezarás a sentir una emoción cada vez mayor acerca de usar el lenguaje para afectar a alguien, para traducir sentimientos del corazón y de la mente. La respuesta y los resultados que recibas crecerán inmensamente. Te pido que tomes más tiempo para dedicarte a estas artes y prácticas: el don del lenguaje, de las comunicaciones, de afectar a las personas con palabras.

3. LEE A TU PÚBLICO

Así que hemos cubierto los dos primeros pasos para una buena comunicación: tener algo bueno que decir; decirlo bien. El tercer paso es leer a tu público. Leer y captar las señales de lo que está ocurriendo con tu público es una habilidad necesaria. Cuando empecé a dar conferencias fuera de mis círculos empresariales, tuve algunos problemas para leer a mi público.

Mis primeros públicos podían haberse marchado a mitad de la conferencia, y yo nunca me habría enterado. Estaba tan pendiente de lo que decía que era un tanto inconsciente de lo que pasaba a mi alrededor. Luego aprendí a mirar a la audiencia, a observar y a ver a las personas que me estaban escuchando; aprendí a leer a la audiencia, una parte integral de hablar.

Mi audiencia más numerosa ha sido de 10.000 personas. No fui el único orador; otros incluyeron a Art Linkletter, Paul Harvey, el Dr. Peele y Zig Ziglar. Cada uno disponía de una hora. Era la primera vez que hablaba a 10.000 personas. Un acontecimiento impresionante para mí.

Paul Harvey no tuvo ningún problema. Art Linkletter no tuvo ningún problema. Pero yo tuve algunos problemas durante los primeros cuatro o cinco minutos. Leer a 10.000 personas requiere tiempo y tanta gente se puede volver en contra de un orador rápidamente. De modo que, si quieres ser eficaz, tienes que recibir retroalimentación. Tienes que captar las señales para saber si debes ser más fuerte o relajarte, si debes cambiar de historia, cambiar de palabras, cambiar de lenguaje.

Todo esto proviene de perfeccionar una buena capacidad para leer a tu público. Así que permíteme que te dé algunas claves sobre cómo leer:

1. **Escucha.** Parte de leer es simplemente escuchar. Obtienes muchas pistas en cuanto a qué más decir, qué todo decir, al ser un buen escuchador. Desde los primeros tiempos, creo que hemos aprendido a ser buenos oradores en cierto manera, pero también tenemos que ser buenos escuchadores. Ahí es donde captas la información, por escuchar bien, sobre todo en una conversación privada, en conversaciones más informales. Los buenos hábitos de escuchar forman parte de leer a un público, una multitud o una agrupación.

2. **Lee lo que ves.** Hay un buen libro titulado *Cómo leer a una persona como un libro*, de Gerard Nierenberg y Henry Calero. Es un estudio del lenguaje corporal. Te advierto de

que no te involucres demasiado en esto y te empeñes tanto en leer el lenguaje corporal que puedas perder el punto. Pero creo que todos podemos usar ayuda en este campo. Algunas cosas son muy obvias. Por ejemplo, estás hablando con alguien y tiene los brazos cruzados, la barbilla baja y el ceño fruncido. Eso probablemente significa que te queda mucho trabajo por hacer. Necesitas meter la mano profundamente en tu bolsa de experiencias y lenguaje, porque no va a ser fácil conectarte con esa persona.

Así que una parte del lenguaje corporal es bastante obvia. Si estás hablando con alguien y se inclina hacia la puerta, probablemente significa que no vas a tenerla como oyente mucho más tiempo. Parte de leer a una persona consiste en ser consciente del lenguaje corporal, en leer lo que ves.

Los niños son bastante fáciles de leer porque ni siquiera tratan de engañarte. Si les aburres, se limitan a mirar por la ventana. No les importa mostrarte su total falta de interés.

Pero lo más desafiante es que, en la sociedad amable, a veces el lenguaje corporal puede ser engañoso. Si alguien, mientras hablas, te mira y sonríe, asegúrate de no malinterpretarlo. En las técnicas de liderazgo enseñamos a no confundir la cortesía o la amabilidad con el consentimiento y la aceptación. En la sociedad amable, aprendemos a ser corteses, pero eso no significa que nos creamos el cuento. Si alguien se muestra amable, sonríe y asiente con la cabeza, no lo malinterpretes y no pases a la completa persuasión.

3. **Leer las señales emocionales** es probablemente lo más eficaz, pero lo más elusivo. Se trata de un área en la que las mujeres son más expertas que los hombres: captar las señales emocionales. Creo que los hombres pueden aprender estas habilidades, pero creo que las mujeres poseen mucho de esto

de forma instintiva. Todos los buenos comunicadores tenemos que aprender a captar las señales emocionales, notando si debemos o no cambiar nuestro lenguaje, ser más agudos o más suaves, ir tras un problema o relajarnos y darle tiempo para que se asimile. Parte de esto es simplemente captar los sentimientos, las emociones, ser sensible a la situación. No es algo fácil. Se trata de aprendizaje adicional, habilidades adicionales. A esto se le llama aprendizaje en la cumbre, las medidas adicionales de recompensa que se obtienen de la comunicación mediante el aprendizaje de estas habilidades adicionales. Así que, en tercer lugar, es muy importante leer a tu público. ¿Cómo te estás presentando? ¿Cuál es el efecto? Sea un niño o hasta un auditorio lleno de personas, lee, lee.

4. **Carga tus palabras con intensidad.** Ya tratamos tres pasos hacia la buena comunicación: ten algo bueno que decir; dilo bien; y lee a tu público. El número cuatro es cargar tus palabras de intensidad. Aquí empieza el poder de lo que decimos. Parte de la fuerza de lo que decimos son las palabras que elegimos. La parte mayor de la fuerza de lo que decimos son las emociones cargadas en las palabras. Las palabras cargadas de emoción tienen un poder incomparable. De hecho, no hay mayor poder.

Las palabras tienen un efecto, pero las palabras cargadas de emoción tienen un efecto increíble. Puede que mis palabras te lleguen, pero si no puedo tocarte con mi espíritu, si no puedo tocarte con mis emociones, mis sentimientos, mis creencias, entonces probablemente no te haya afectado mucho. Podríamos describir las palabras como un alfiler. A veces, cuando los hombres compran una camisa de vestir doblada, hay en ella numerosos alfileres pequeños. Si yo tomara uno de esos pequeños alfileres, te lo lanzara y te diera

Hay gran poder en las palabras cargadas con emoción.

en la cara o en la mano, probablemente lo sentirías. Eso significa que te alcancé con mis palabras.

Pero, ¿y si tomara ese alfiler y lo sujetara con alambre al extremo de una barra de hierro y luego te golpeara con él? Tendría el poder de clavarte ese alfiler en el corazón. ¿La razón? El alfiler representa a las palabras, pero la barra de hierro representa a la emoción, el sentimiento, la creencia, el compromiso, todo lo que soy. Si puedo poner más de lo que soy en lo que digo, no se sabe el milagro que puedo producir, ni el efecto que puedo tener. La verdadera persuasión viene de ponerte a ti en lo que dices.

Ahora, una lección más para refinar las habilidades de liderazgo: aprender a medir tus emociones. Tenemos que aprender a medir nuestras emociones. Por ejemplo, no le disparamos a un conejo con un cañón. Es eficaz, pero el conejo queda obliterado. Se está usando demasiada potencia de fuego para la ocasión. No necesitas una explosión atómica para demostrar un punto menor. Suficiente, pero no demasiada. Esto es entender cómo medir el flujo de nuestras emociones para cubrir un punto.

Pero si el punto que quieres plantear necesita materia pesada, la buscas y consigues, porque tienes el vocabulario que necesitas y has leído a tu público. Si necesita un acercamiento más suave, aprendes a medirlo en términos más suaves, más fáciles. Así que es muy importante medir tus emociones, tus sentimientos.

¿Qué quiero decir con intensidad y emociones? Todas tus experiencias y cómo te han afectado, eso es la suma total de tu contenido emocional, dónde has estado y qué has oído y qué has visto y a quién has conocido y todo este panorama de experiencias de la vida para ti hasta ahora y cómo te has sentido acerca de todo eso, a eso lo llamamos la suma total de tus emociones.

En consecuencia, la clave está en aprender a medir todo eso y poner cantidades eficaces en las palabras que elijas. La clave de una comunicación eficaz: palabras bien elegidas y cargadas de emociones bien medidas.

En el don de la interpretación de un actor, la actuación espléndida proviene de saber con habilidad cómo utilizar el lenguaje y cómo usar las emociones. Cuando el momento lo requiere, las emociones mantenidas a flor de piel puestas en palabras bien elegidas pueden producir el efecto más dramático en la mente y el corazón de alguien. No podrás creer la amplitud de tu alcance cuando pongas en práctica estas habilidades de comunicación. Tienes el poder no solo de tomar el control de tu propia vida, sino también de impactar positivamente en la de otras personas.

4

CONEXIONES

Para marcar una verdadera diferencia en tu vida, necesitas saber cómo marcar efectivamente una diferencia en la vida de otras personas. Para ello, empieza por donde están antes de intentar llevarlos adonde quieres que vayan. Encuéntrate con las personas donde están. Si alguien está herido, tienes que encontrarlo en la herida. Si alguien tiene un problema, tienes que empezar por el problema.

En este capítulo se explican los cuatro componentes esenciales para establecer conexiones contigo mismo y con las personas: 1) identificación; 2) lógica y razón; 3) problemas de ataque; 4) soluciones.

IDENTIFICACIÓN

Otra pieza del desafío de la conexión de comunicación es identificarse con las personas. Ahora bien, no es demasiado difícil identificarse con alguien si es como tú. El verdadero desafío es identificarse con alguien que no es como tú. En un sentido más amplio de esta enseñanza, la reacción que quieres de la identificación es: «¡Yo también!». Quieres que la reacción de alguien sea: «Yo también. Comprendo cómo es eso. He pasado por ello». Así que parte de traducir tus experiencias en palabras consiste en conectar con las personas de manera que se identifiquen contigo.

Esta es la reacción que no quieres: «¿Y qué?». Si no tienes cuidado de cargar tu presentación de emoción, puede que recibas muchos «Y qué».

El Sr. Shoaff, que solo llegó al octavo grado en la escuela, era sin embargo muy sabio. Cuando yo tenía 25 años, me dio un punto clásico sobre el cual reflexionar. Lo dijo en términos tan sencillos que nunca lo he olvidado. Dijo: «Aprende a expresar, no a impresionar». Ese consejo fue muy útil, porque es muy fácil utilizar un lenguaje diseñado para impresionar en lugar de expresar. Pero Shoaff dijo: «Si quieres llegar al

«Aprende a expresar, no a impresionar».

corazón y a la mente de las personas, aprende a expresar». Sinceridad desde el corazón, no impresionar desde el ego.

Impresionar construye un golfo, expresar construye un puente. La identificación es un tema muy amplio en sí mismo. La pregunta de identificación que planteamos en el contexto del libro es: ¿qué me hace real para mi público? ¿Qué me hace real para un niño, un adolescente, un adulto? La identificación tiende un puente. Cuando conoces a alguien por primera vez, simplemente te estás familiarizando, construyendo un puente, estableciendo contacto. Encuentra algo que tengan en común. Ahí es donde empiezas, con algo que tienen en común.

Cuando tenemos seminarios en nuestro rancho de Clear Lake, todos se empiezan a conocer fácilmente, porque casi todos se pierden intentando encontrar el rancho. Es una muy buena manera de empezar una conversación. «¿Te perdiste tanto como yo tratando de encontrar este lugar?». Alguien contesta: «Sí, ¿eras tú el que estaba tomando el camino equivocado? Pensé que eras tú». Qué buena manera de empezar a conocerse. La mayoría de las personas han tenido una experiencia similar, como perderse, así que intenta encontrar algo que ambos tengan en común, independientemente de lo insignificante o aparentemente trivial que sea.

Uno de los mejores comunicadores de todos los tiempos es Pablo, un apóstol de los primeros tiempos de la historia cristiana. No tenía ningún problema en hablar con pecadores, porque afirmaba ser un pecador principal. Vaya, qué punto de identificación. ¿Crees que los pecadores escucharían a un pecador principal? Por supuesto que sí. Se identificaba con ellos, y ellos con él. Qué manera de empezar, ¿verdad?

La clave es empezar donde está la persona o el público. Si necesitan ayuda en tu área de especialización, tanto mejor: estás inmediatamente en posición de ayudar y puedes identificarte con la persona. Si te encuentras con alguien que solo necesita un oído que le escuche o un hombro sobre el cual llorar, sin duda dirá algo con lo que puedas identificarte, y se establece la conexión.

ALGO EN COMÚN

Cuando te encuentras con alguien e intentas ayudarle, escucha primero y luego tu conversación tendrá sustancia, significado y profundidad después de encontrar algo en común. Entonces empiezas ahí a construir un puente y el camino hacia la solución del problema. Identificación.

Si trabajas de cualquier forma con niños, la siguiente sección puede ser de especial interés. Los niños, después de todo, son nuestro futuro, e inculcarles disciplinas pertinentes y estabilizadoras a una edad temprana sentará las bases para toda una vida.

Así que, ¿cómo te identificas con un niño? Es difícil. ¿Y si tú tienes 40 años y el niño 12? Es un largo puente que tender. No siempre es fácil. De hecho, antes lo llamábamos la «brecha generacional». Así que, ¿cómo puedes manejar las habilidades que construyen el puente entre la brecha generacional? Hay respuestas.

En primer lugar, acordarte de cuando tenías 12 años te ayudará. Dedica tiempo a volver atrás y recordar cómo era la vida cuando tenías 12 años. Esto es similar a lo que hace un actor cuando se adentra en el papel de un personaje. Retroceden en su memoria y reviven las alegrías y las aventuras,

Identifícate a un nivel personal.

las heridas y las emociones, la diversión y la emoción, el trauma y el drama de la suma total de su vida en los primeros años. De la misma manera, repasa todo eso y permite que te afecte una vez más. Permite que te inunde una vez más. Permite que se reavive una vez más. Dices: «Pues, puede ser doloroso». Es cierto, pero tienes que volver a recorrer esas experiencias para alcanzar a las personas, de cualquier edad, que están sufriendo.

Yo no tengo ningún problema en trabajar con niños de 12 años, porque recuerdo casi todos los días que tuve 12 años. La edad de 12 años es un año fascinante. Recuerdo muy bien que uno de los desafíos de tener 12 años es que no tienes 13 años. Si lo oí una vez, lo oí cien veces cuando tenía 12 años: «Solo tienes 12 años», como si eso fuera un lugar horrible donde estar, ¿correcto? Los adolescentes decían: «Claro que no puedes ir, solo tienes 12 años». Yo siempre pensaba lo mismo: «Vaya, no puedo esperar a librarme de los 12 y convertirme en adolescente». De manera que era bastante frustrante. Si quieres alcanzar a alguien de 12 años, vuelve atrás y recuerda cuando tenías 12 años: identifícate a nivel personal.

¿Alguna vez te escogieron al último cuando eras niño? La escena es más o menos así. Están escogiendo equipos para jugar a un juego:

«Te escojo a ti».

«Te escojo a ti».

«Te escogeré a ti».

Entonces eres el único al que no han seleccionado, y estás ahí solo, y el siguiente líder dice: «Bueno, supongo que tendré que tomarte a ti».

Vaya, qué experiencia tan humillante. Pero vuelve y revívela, permite que te golpee una vez más. Permite que te golpee y te hiera. Porque para afectar realmente a las personas, tienes que conmoverte y emocionarte. Sin la conmoción y el contacto de las experiencias vividas, sea cual sea la emoción que requieran, hay algunas personas a las que no podrás llegar a menos que puedas compartir su dolor.

Otra forma clave de alcanzar a las personas es leer todos los libros que están leyendo o han leído. A esto se le llama hacer tu tarea. La falta de hacer la tarea se nota en el mercado. La falta de hacer la tarea se nota en casa. Uno de los mejores lugares donde podemos encontrarnos con alguien es cuando discutimos sobre un libro. Yo digo: «¿Te acuerdas de la historia en la que...?». O «¿No era impresionante cuando...?». Enseguida, están emocionados de compartir contigo otras partes del libro. Hacer tu tarea marca toda la diferencia en cuanto a lo fácil que es conectarse.

Cuando les digo a los niños: «¿Te acuerdas del cuento en el que...?» y responden que conocen el cuento, les digo: «Bueno, eso es más o menos como ahora. No exactamente, pero se parece bastante». Y el niño dice: «¡Ya veo, ya veo!». Ahora lo ven, porque hemos vuelto a algo que teníamos en común: un libro. Pero si no lees el libro y no haces tu tarea, perderás la oportunidad de identificarte con alguien que necesita tu ayuda y comprensión.

CONSTRUIR PUENTES

Aquí está el gran desafío, identificarse con alguien que no es como tú en cuanto a color, religión o circunstancia. ¿Cómo alcanzan, tocan y conectan las personas exitosas con personas que no son tan exitosas? Bien, en primer lugar, tienen que hablar de sus batallas, no de su éxito. La clave de una buena identificación es saber que las personas se identificarán con tu lucha más a menudo que con tu éxito. Si tienes una hora para hablar y dedicas 59 minutos a tu historia de éxito, estarás construyendo un vacío, no un puente.

Dedica la mayor parte del tiempo a tus luchas, la mayor parte del tiempo a tus temores, la mayor parte del tiempo a tus aprensiones, la mayor parte del tiempo a cuando dudaste, la mayor parte del tiempo a cuando estabas a punto de darte por vencido. Dedica tiempo a contar a las personas cómo superaste todos los desafíos. Eso se llama identificar y tender puentes.

Luego tómales de la mano y muéstrales tu éxito cuando tenga significado, porque surgió de luchas, surgió de decisiones, y surgió tal vez del quebranto de corazón, y surgió tal vez incluso de la misma posición en la que ellos se encuentran. La identificación es lo que te hace real. Eso es muy importante.

Otra parte de la identificación es la elección correcta de palabras. Jesús dijo un día a Sus discípulos: «Hoy les voy a enseñar a pescar». Qué importante elección de palabras, pescar. ¿A quién le está hablando? A los pescadores. Eso es brillante. No dijo: «Les voy a enseñar a reclutar a personas». No, ¿qué saben ellos acerca de reclutar? Estos pescadores no saben nada acerca de reclutar. Si insistes en decir reclutar a los pescadores, eres ingenuo y tu esfuerzo está condenado al fracaso. Tienes que cambiar tu vocabulario para identificarte con tu audiencia para obtener una cosecha. En esencia, Jesús dijo: «Quiero enseñarles a ser pescadores». Ellos entendían ese lenguaje. Él quería decir que reclutar a las personas es muy parecido a pescar. Lo entendieron: si es como pescar, podemos entenderlo.

LENGUAJE FAMILIAR

Otro consejo para identificarse de forma exitosa es no usar la «jerga interna» en el mundo exterior. A veces, las pequeñas frases pegadizas resultan cómodas, pero fuera de tu entorno casero o laboral, resultan desconocidas y extrañas.

Por ejemplo, un hombre me dijo: «Tenemos que entrar en la palabra. Tenemos que pasar más tiempo en la palabra». Pensé: «¿Qué tan pequeño tendría que ser para meterme en la palabra? Más tarde descubrí que quería decir que debíamos leer más la Biblia. Tienes que aprender a cambiar de lenguaje según con quién hables.

Una dama me dijo: «He aprendido a manejar mi espacio. ¿Cómo te va a ti con tu espacio?». Pensé: ¿Espacio, espacio?

¿Qué es mi espacio? Más tarde me enteré de que había asistido a seminarios sobre el espacio personal y había aprendido lenguaje espacial. Así que tienes que tener cuidado de no usar un lenguaje poco común que confundirá a la gente. Solo las personas que hubieran asistido a ese seminario específico entenderían el lenguaje espacial.

Tenemos que hacer los cambios necesarios para elegir las palabras apropiadas según nuestro público. Se llama don del lenguaje en una variedad de conciencia aprender a elegir las palabras correctas y las frases apropiadas, dependiendo de con quién estés hablando. Sé consciente y perceptivo cuando te comuniques con otros y elegirás las palabras que tengan sentido.

Tienes que identificarte con el pesar al recordar tu propio pesar. Identifícate con la alegría al recordar tu propia alegría. Identifícate con la dificultad al recordar tu propia dificultad. He aquí una de las mejores pistas para aprender a identificarte mejor.

Como ya he mencionado, repasa tu propia vida y estudia tus circunstancias, tus sentimientos, tu conciencia, algunas de las historias que hace tiempo que no cuentas, algunas de las experiencias que has tenido. A veces, cuando acabas de llegar de una experiencia, no es tan fácil traducirla y no es tan fácil hablar acerca de ella. Pero a medida que pase el tiempo y puedas tomar un acercamiento más reflexivo a tus experiencias, surgirá una historia con la que otros se identificarán y construirás un puente.

La clave no es perder la intensidad de tu vida, sino ser más educado en usar la intensidad de tus experiencias para entretejerlas en la próxima conversación y, mediante el don del lenguaje y la emoción, tocar la vida de alguien, llegar a alguien, afectar a alguien, persuadir a alguien. La identificación es un tema muy importante.

LÓGICA Y RAZÓN

La siguiente parte de una buena presentación es la lógica y la razón. Si estás tratando de persuadir a un niño o de hablar a un adulto, cliente o público, parte de cualquier presentación es la parte lógica, los hechos y las cifras, y los números y las dimensiones. No me detendré demasiado en este tema, porque este es mi punto de vista sobre la lógica y la razón: tiene que ser breve. Necesitamos algunos datos, pero solo los suficientes para iniciar el proceso de la toma de decisiones. Ten cuidado de no abarcar demasiados datos.

Habrás oído la expresión: «Es posible convencer a alguien para que compre. Pero sigue hablando y le convencerás de que no compre». Aquí es donde suele producirse este problema, puedes convencer a alguien para que se decida, pero luego sigues hablando, hablando, hablando y entonces deciden que siempre no. Hablamos más allá del objetivo con demasiada lógica, demasiada razón. Necesitamos hablar de suficiente lógica y razón de manera que empiece a tener sentido, no para que la persona lo entienda todo.

Por ejemplo, si entras en la sala de exposición de automóviles nuevos y manifiestas tu interés por un automóvil, el vendedor se acerca y te dice: —Permíteme que te hable de este automóvil.

Tú dices: —De acuerdo.

Te dice: —Sígueme—. Y te lleva al área de mantenimiento, abre el manual del vehículo y te dice: —Empecemos por la rueda delantera izquierda.

Enseguida dirías: —Espera, espera.

Dice: —Esto va a tomar mucho tiempo. Hay mil datos que hay que repasar.

Tú le dirías: —Espera, espera. No necesito mil datos para decidir sobre este automóvil.

¿Cuántos datos necesitas? Acerca de media docena. Y si alguien comete el error de ir más allá de la media docena, perderá su audiencia.

Así que asegúrate de no entrar en una gama demasiado amplia de datos y lógica. ¿Por qué? Porque la mayoría de las decisiones se toman emocionalmente. Necesitamos apenas la lógica necesaria para que tenga sentido, pero probablemente tomaremos la decisión más por un deseo emocional.

Así que la clave es ser breve con la lógica, las razones y los hechos porque demasiado de cualquier cosa es demasiado a una sola vez.

Por ejemplo, ¿qué si te sentaras a cenar un filete y tuvieras mucha hambre, así que te limpiaras el plato? ¿Y si retiraran el plato y te trajeran otro filete para cenar? Digamos que tienes mucha hambre, así que te sirves el segundo y te lo comes todo. ¿Y si lo retiraran y te trajeran una tercera cena? Ese tercer plato de filete no se ve tan bueno como el primero. Es demasiado. Así que recuerda que la brevedad es lo mejor cuando se trata de lógica y razón. Necesita ser poderosa, necesita basarse en hechos, pero breve.

La brevedad es clave cuando se trata de lógica y razón.

ATACA LOS PROBLEMAS

Cuando tomas el control de tu vida, aprender a atacar, a montar un ataque preciso contra los problemas es una de las mejores maneras de ayudarte a ti mismo y a otros. El refinamiento de esa habilidad que tienen que conocer los líderes es cómo atacar el problema, pero no a la persona. Esta táctica se llama atacar y confesar. Una de las mejores formas de emprender un ataque es confesar que tienes o has tenido el problema.

Úsate a ti mismo como el primer ejemplo, y luego usa a terceras personas. Por ejemplo, di: «Permíteme que te hable de alguien que conozco, la llamaré María. Si María estuviera aquí, lo confesaría, pero no está, así que lo confesaré por ella. María postergó tratar con su problema y este fue empeorando hasta que ella llegó a .... Si ella estuviera aquí, probablemente intentaría persuadirte con lágrimas porque el problema se hizo muy intenso». A eso lo llamamos usar a una tercera persona para abordar un problema.

Entonces, ¿con cuáles problemas te estás enfrentando que se necesitan atacar y destruir? Permíteme darte algunos ejemplos comunes que afectan a muchas personas: procrastinación; desprecio versus compasión; culpa; pretextos. Hay una larga lista de problemas que enfrenta la gente. Aquí incluyo solo cuatro de los problemas más frecuentes; puedes continuar este estudio por tu propia cuenta.

PROCRASTINACIÓN

La procrastinación está en el primer plano. Tienes que atacar la procrastinación, porque es tan insidiosa. Come grandes trozos de tu vida y te deja en un pequeño rincón de

Ataca el problema, no a la persona.

lo que puede ser una vida grande y maravillosa. Posponer, retrasar, dejar pasar las cosas son las tácticas obvias de un procrastinador.

Soy una de las personas más indicadas para saber cómo atacar la procrastinación, porque he confesado ser uno de los mayores procrastinadores de todos los tiempos. He hecho mucho a lo largo de mi vida, pero también he pospuesto muchas cosas. Soy tan bueno con la procrastinación que podría enseñar el tema. Puedo enseñarte a procrastinar de tal manera que nadie se entere de que lo estás haciendo, para que no se note. Es decir, soy muy bueno en esta materia.

Pero también conozco el dolor de la procrastinación. También conozco el remordimiento que produce la procrastinación. También puedo mostrarte piezas perdidas de mi vida, que nunca se repararán, porque dejé pasar algo importante.

Las descripciones de ser un procrastinador incluyen atributos que nadie debe querer que se hagan parte de su personalidad o a su ética de trabajo, como: pereza; moverse o actuar con lentitud para quedarse atrás; no mantener un ritmo establecido por otros; retraso en el progreso; pérdida de tiempo por falta de propósito, trivialidad o vacilación cuando la prontitud es necesaria. Éstos no son rasgos de alguien que ha tomado el control de su vida.

Cuando ayudas a otros a atacar esta engañosa enfermedad de la procrastinación, de posponer lo que debería tratarse de forma prioritaria, probablemente puedas usarte a ti mismo como el mejor ejemplo, porque eres tú quien siente más fuertemente tus propias experiencias y tus propias emociones. Sé que yo puedo.

¿Crees que podrías ayudar a alguien a atacar la procrastinación, desarrollar la habilidad de volver atrás, repasar tu propia vida y llegar a la esencia de la emoción y la experiencia para ilustrar a alguien lo insidiosa que puede llegar a ser y lo devastadora que puede dejar tu vida y lo que se perderá si la deja pasar? Eso es aprender a atacar el problema, tanto para ti como para otros. Es vital ir tras lo insidioso en tu vida.

DESPRECIO VERSUS COMPASIÓN

Un gran líder cristiano dice: «Las cosas que antes odiaba, ahora las amo. Las cosas que antes amaba, ahora las odio». Es importante incorporar tanto el amor como el odio en la misma conversación cuando se trata de la vida.

He aquí el dilema. Es muy fácil ser descuidado con las palabras y obtener una reacción equivocada. ¿Qué si querías decir: «Qué te tiene preocupado»? Y en su lugar dijeras: «¿Cuál es tu problema?». ¿Te puedes imaginar la diferencia? Solo el error de una pequeña palabra significa toda la diferencia del mundo y el tipo de reacción y respuesta que obtienes a cambio.

Así que el dilema es cómo atacar el problema, pero no a la persona. Dios tiene el mismo dilema. Dios dice: «Te amo, pero odio tus caminos pecaminosos». Ese es un desafío, un problema, para nosotros: mostrar amor a las personas al tiempo que les ayudamos a destruir algo odioso en sus vidas.

¿Cómo puedes poner amor y odio en la misma frase? Es esencial mostrar tu desprecio por el problema y tu sincero interés por el valor —tu compasión— por la persona. No son habilidades fáciles. No puedes simplemente ascender con facilidad a estas cumbres de pensamiento intelectual, elección de palabras, contenido emocional y precisión. Esta sabiduría no se aprende de la noche a la mañana, pero tu compromiso con la excelencia en la comunicación puede marcar la diferencia en cómo funciona tu mundo económico, social y personal.

Y aquí está parte del desafío.

Dios dice: «Te amo, pero odio tus caminos pecaminosos». Ahora bien, como yo y mis caminos pecaminosos estamos tan unidos, tiendo a tomar su afirmación como algo personal. Y Dios tiene que decir: «No, no, no. Déjame que te lo aclare una vez más. A ti te amo, pero odio tus caminos pecaminosos». Deja clara Su intención. Al igual que tú tienes que dejar claro a tus hijos: «Te amo, pero odio lo que estás haciendo y lo que eso te está haciendo». Tomar el control significa aprender a poner el amor y el odio en la misma frase: hacer que lo insidioso sea tan devastador y ominoso como debe ser, y hacer que la oportunidad y el futuro sean tan brillantes como puedan ser.

Tenemos que aprender a pintar con el lenguaje y las emociones cuánto odiamos lo malo para desarrollar lo bueno. Esta verdad es poderosa, no puedes reconocerla levemente. Por ejemplo, no puedes adoptar un acercamiento leve a las malas hierbas de tu jardín. Tienes que odiar las malas hierbas lo suficiente como para matarlas.

Puede que digas: «Pues bien, he aprendido a manejar estas cosas». Estas cosas no se manejan, son cosas que devastas y eliminas. Son cosas que tienes que matar. Si tu tesoro y tu valor están en peligro, tienes que ir tras el culpable con gran odio, mediante la palabra, el lenguaje, las emociones, lo que sea necesario para realizar el trabajo de revelar el mal y preservar el bien.

Estas no son habilidades fáciles de aprender, pero si quieres ampliar tu alcance, en mi opinión, tienes que entrar en la confrontación. Es donde se exponen los valores. Permíteme darte una buena frase filosófica: «Todos los valores se tienen que ganar por medio de la contienda. Y después de haberlos ganado, hay que defenderlos». Puede que digas: «Vaya, nos has puesto una tarea muy pesada». De eso se trata la vida, de un desafío bastante pesado. No damos grandes trofeos por pequeños esfuerzos. Si quieres experimentar buena salud, si quieres ganar riqueza, si quieres extender un largo alcance para tocar la vida de las personas, tienes que comprometerte en algunas disciplinas extraordinariamente poderosas. Una es asegurar el territorio con vigor, y la otra es defenderlo con igual desafío. Atacar. Procrastinación.

CULPA

He aquí otro problema que enfrentamos: la culpa. Me dediqué al «juego de la culpa» durante gran parte de mi vida hasta

Asegura y defiende.

que conocí al Sr. Shoaff. Yo culpaba a los parientes pesimistas, al gobierno, a los impuestos y a los precios.

Le dije al Sr. Shoaff que el costo de la vida era muy caro, y me respondió que no era así, que debíamos abordar el verdadero problema que era que yo no podía pagar esas cosas.

Yo nunca lo había visto así.

Me dijo que debía verlo de una forma más intelectual, que realmente no era un problema externo, sino que yo era mi mismo problema.

Esta situación ha existido unos 6.000 años. No puedes curarla. Pero lo que puedes curar son los errores de juicio, los errores de actitud, los errores de actividad, los errores al juzgar mal los resultados. Finalmente me di cuenta de que los errores son internos. La culpa es interna. Agradezco que el Sr. Shoaff me insistiera en ese punto.

PRETEXTOS

El siguiente problema que necesitamos atacar son los pretextos. Tenemos un millón de ellos, uno para cada problema. «Soy demasiado bajo de estatura, soy demasiado alto». «Soy demasiado viejo, soy demasiado joven». «No tengo dinero». «No tengo experiencia». Y así una y otra vez con los pretextos. Aprender a atacar tus pretextos es crucial para tomar el control de tu vida. Las llamo las «herramientas de último recurso».

Si aprendes y usas estas habilidades, no se sabe a quién puedes ayudar. Pero debes dejarlas para el final, como último recurso. Son herramientas que no usas a la primera.

La primera es *un ataque directo*. Tienes que tener mucho cuidado al usar un ataque directo, para que no se juzgue mal debido a su severidad. La siguiente es reprender; ten mucho cuidado al reprender. Úsala solo como último recurso. Por ejemplo, alguien llega tarde y le dices: «¿Dónde has estado?». Ese comentario está cargado de insinuaciones. De nuevo, ten mucho cuidado, solo úsala como último recurso. Si tienes que recurrir a la reprimenda, hazlo, pero no la uses como tu primer recurso. Reserva el ataque directo y la reprimenda solo para cuando se requiere lenguaje tan duro para tratar con una situación grave. El último es el *sarcasmo*. El sarcasmo puede ser útil, pero guárdalo para el final. «¿Quién te crees que eres?». Ese es un lenguaje poderoso; guárdalo para cuando tenga sentido usar un lenguaje tan fuerte.

Los asuntos del corazón son delicados. Esto es lo que enseñamos. No intervengas en el corazón con un hacha. Cuando uses estas herramientas, tienes que tener mucho cuidado de salvar el valor e ir tras el problema. Ahora, permíteme que te dé la verdadera clave. Cuanto más te importa, más fuerte puedes ser. A las personas no les molesta que uses un lenguaje fuerte acerca de cosas insidiosas. No les molesta que seas cortante, poderoso, siempre y cuando te importe.

Y cuanto más te importa, más fuerte puedes ser. No me molesta que el ministro mande mi alma al fuego del infierno por mis costumbres pecaminosas. No me molesta siempre que lo haga con lágrimas, no con alegría. Pero, ¿no nos resistiríamos todos a un sermón de ojos secos sobre el fuego del infierno? No puedo predicar el fuego del infierno sin que se me rompa el corazón. Sollozo durante un sermón sobre el fuego del infierno, o me resisto a un intento de predicar sobre el fuego del infierno con los ojos secos. ¿Por qué? Por una simple y evidente falta de interés.

Cuanto más te importa, más fuerte puedes ser.

Y hay algunos temas que ni siquiera puedes tratar a menos que se te rompa el corazón y a menos que se muestre visiblemente por el contenido emocional que realmente te importa. Ahora puedes tratar con dureza algunos problemas poderosos e importantes. Herramientas de último recurso. Atacar los problemas pero no a la persona.

OFRECE SOLUCIONES

Una parte emocionante de la experiencia humana es la capacidad de pintar resultados por adelantado. Lo llamamos tomar prestado del futuro. Pero si no puedes ver el futuro, hace que el hoy se vea bastante desesperado. Si no puedes ver el futuro, causa que tu próximo paso sea incierto. ¿Por qué molestarte en aprender las habilidades y pagar el precio y pasar por todos los ejercicios y pruebas de aprender, crecer y cambiar, si no puedes ver la recompensa futura? Si no hay futuro, si no hay promesa, ¿para qué molestarse? Así que este es uno de nuestros grandes desafíos en la vida: pintar para nosotros mismos los tiempos venideros y ver los resultados por adelantado, tomando prestado del futuro.

Cuando te detienes para pensar en ello, planear y preparar y esperar una recompensa futura es una experiencia tremendamente singular. Poder tomar prestado del futuro, traerlo al presente y usarlo como un incentivo para completar la tarea hoy, aprender las habilidades y ponerlas a trabajar ahora para un resultado futuro planeado es muy satisfactorio y provechoso.

Así que pintar los resultados por adelantado —ya sean resultados monetarios, resultados de posición, posibilidades de negocio, oportunidades de relación, resultados sociales, profesionales o ministeriales— puede elevar tu mentalidad, tu actitud y ser justo el incentivo que necesitas para dar esos grandes pasos hacia estar al control de tu vida. Encontrar y ejecutar soluciones a los problemas en el camino puede ser muy poderoso.

¿Qué hace que el agricultor trabaje toda la primavera y se esfuerce todo el verano? Su visión de la cosecha. Si no pudiera ver la cosecha por adelantado, no pondría el arado en la tierra. Si no pudiera visualizar la oportunidad, la oportunidad de sacar provecho y convertir el trigo en dinero y el dinero en estilo de vida, si no pudiera ver todo eso, ¿por qué pondría el arado en la tierra? No lo haría.

Asimismo, si no puedes ver los frutos de tu trabajo, y si la promesa de un buen rendimiento no está clara, ¿para qué esforzarse? Debes pintar para ti mismo la versión del futuro que deseas, que motivará y mantendrá tu entusiasmo por trabajar para hacerlo realidad.

De la misma manera, para lograr que las personas respondan a lo que propones, tienes que pintarles un futuro al que querrán aspirar a alcanzar. Querrán esforzarse, leer los libros, tomar las decisiones, lo que sea. La clave está en ofrecer la solución y pintarla claramente en su mente y sus emociones.

Jesús les dijo a Sus discípulos, en esencia: «Si se quedan conmigo y creen en mí y siembran mis enseñanzas en lo más profundo de su ideología y dentro de su filosofía, si caminan por las calles y vierten su corazón y su alma en esta obra, nunca morirán. Si tocan a todos los humanos posibles, cruzan los océanos, se lanzan sobre el mundo conocido y difunden las buenas nuevas de lo que han visto y oído los últimos tres años y medio, les prometo, después de que hayan terminado esta tarea bastante difícil de poner toda su energía, tiempo y esfuerzo en su misión, les prometo que en la casa de Mi Padre hay muchas mansiones. Y donde yo esté ustedes estarán». Asombroso.

Y Sus discípulos efectivamente cruzaron los océanos, caminaron por las calles y tocaron a todos los humanos que pudieron tocar. Pusieron cada onza de energía y mente y alma y espíritu en Su filosofía, hasta el momento justo en que la mayoría de ellos perdieron la vida por la oportunidad. Con razón esas enseñanzas se han transmitido durante más de 2.000 años, y siguen.

La imagen del futuro que Jesús pintó para Sus discípulos tenía la promesa de un gran hogar con Él. ¿No te esforzarías en una tarea si alguien creíble te hablara de una promesa tan singular? Y la respuesta es: sí, por supuesto. Todo lo que tenemos que hacer es ver la promesa con suficiente claridad, y haremos cosas asombrosas.

RESUMEN

Como repaso, hemos estado cubriendo las partes principales de una presentación para comunicar eficazmente, ya sea a un niño o a un público empresarial o en una situación de ventas. Todos tenemos la oportunidad de influir en otros con las palabras. Una presentación de cualquier tipo puede dividirse en cuatro partes importantes: identificación; lógica y razón; atacar el problema; ofrecer soluciones.

Identificación. Aprender a relacionarse con otros es bastante fácil si todos son como tú. De lo contrario, puede resultar difícil llegar a conocer a las personas que no son como tú. Si hay diferencias de color, religión, edad, experiencia o trasfondo, establecer una relación puede resultar un poco más complicado, pero se puede dominar. Todo lo que tienes que hacer es refinar las habilidades que has aprendido en este libro para tener un mayor alcance económico, social y personal. Trata temas que te hagan real. Cuenta tu historia con autoridad.

Lógica y razón. La brevedad es la clave, no ofrezcas demasiados datos. Probablemente haya miles de datos acerca de un automóvil, pero no necesitas compartirlos todos para que las personas tomen su decisión. Con unos seis u ocho bastará. Y si te extiendes más allá de la media docena, puedes perder a tu audiencia. Así que sé breve cuando se trate de lógica y razón.

Ataca los problemas. Cuando montes una ofensiva contra un problema, ataca al problema, no a la persona.

Ofrece soluciones. Ofrecer soluciones a un problema es como pintar los resultados por adelantado.

5

EL ARTE DE LA PERSUASIÓN

hora hablemos de un tema muy emocionante: el arte de la persuasión. He descubierto que hay mucha diferencia entre presentación y persuasión. Cuando empecé a trabajar en ventas, me convertí en un presentador bastante bueno. El Sr. Shoaff me enseñó bien. Oía a las personas decir: «He escuchado a muchos vendedores, pero tú tienes que ser uno de los mejores». Yo pensaba: «Vaya, ese hombre me ha enseñado bien». Otra persona dijo: «He estado en esto por mucho tiempo". Creo que los he oído a todos, pero tienes que ser el mejor. Eres uno de los mejores vendedores que he escuchado jamás». Y pensé: *Vaya, he aprendido estas cosas bastante pronto.*

Entonces, un día me di cuenta de la terrible verdad, y pensé: «Espera un momento. Algo está funcionando mal aquí. *Si soy uno de los mejores vendedores del mundo de todos los tiempos, ¿cómo es que no me están comprando?* Empecé a darme cuenta de que tenía una habilidad adicional que aprender. Aunque era muy bueno en cuanto a presentación, todavía me faltaba ser bueno en la persuasión.

Dos grandes oradores de la antigüedad fueron Demóstenes, griego, y Cicerón, romano. De Cicerón se decía cuando hablaba: «Qué gran discurso». De Demóstenes se decía cuando hablaba: «Marchemos». Y esa es la diferencia entre presentación y persuasión.

Para tomar el control de tu vida, te pido que aprendas esta habilidad adicional. Eres un buen persuasor si los resultados siguen a la presentación.

Pasión, emoción, creencias, convicciones: si aprendes a articular bien esas partes de ti, obtendrás los resultados que deseas. Si aprendes a permitir que todos esos rasgos fluyan, no solo desde la superficie, sino desde lo más profundo de toda una vida de experiencia, obtendrás resultados positivos. Si sacas partido de todos esos sentimientos y compromisos y conciencia, incluso de algunos recelos, incluso de no saberlo todo, incluso con sentido de la humildad, ese flujo de emociones sella el punto en el arte final de la persuasión.

Así que hablemos del arte de la persuasión, de todo lo que implica y de por qué es importante.

SÉ BUEN RELATADOR DE HISTORIAS

Si estás involucrado en una empresa que se ocupa de números y negocios y productos y volumen de negocio, asegúrate de traducir todo el negocio en historias. A veces es fácil decir: «Ganamos 10 millones de dólares en el negocio el mes pasado». Y luego nos olvidamos de las historias que están implicadas en esos 10 millones de dólares.

Así que esto es lo que te estoy pidiendo que hagas. Sé consciente tanto de las historias como de las cifras. ¿Cuántas historias representan 10 millones de dólares? Muchas, sin duda. Pero si solo te interesan las cifras, no las historias, limitas tu alcance. Usa tus nuevas habilidades de comunicación para contar las historias que hay detrás de las cifras: a la gente le encanta escuchar historias. Traduce la actividad y el negocio y el volumen y el dinero y las cifras en personas, en las vidas y las historias de las personas y de todos los involucrados en las transacciones.

Conviértete en tu mejor relatador de historias. Aprende a contar tu propia historia, ya sea de identificación, de lógica, de soluciones, sé un estudiante de tu propia vida. Es muy importante repasar tu propia vida.

Al final de cada día, es bueno repasar tus experiencias. Esto es aprender a reflexionar. Una de las claves para hacer que el pasado sea más valioso para invertir en el futuro es aprender a reflexionar. Toma unos minutos al final del día y piensa acerca

Reflexionar sobre el pasado hace que invertir en el futuro sea más valioso.

del día. ¿A quién viste y a quién conociste y con quién hablaste y qué ocurrió? ¿Por qué dijeron lo que dijeron y por qué dijiste tú lo que dijiste? A esto lo llamamos «volver a tocar las cintas».

Cuando te tomas unos minutos al final del día y vuelves a tocar las cintas del día, ese día tomará un lugar más importante en tu patrimonio futuro. Podrás sacar provecho de ese día. Pero si pasas casualmente el día y pierdes la oportunidad de fijar ese día en tu conciencia, con toda seguridad, en algún momento futuro en el que podrías haber sacado provecho de esa experiencia, no estará disponible.

He aquí cómo afianzar tu pasado y hacer que sea más patrimonial.

Toma unas horas al final de la semana para repasar la semana. Una semana es un buen trozo de tiempo. Piensa en las imágenes, los sonidos, los colores, las personas, las decisiones, los errores y los aciertos. Repasa la semana y permite que lo ocurrido ocupe un lugar más poderoso en tu conciencia.

Además, te animo a que tomes medio día al final de cada mes para revisar el mes en su totalidad. Un mes es un buen periodo de tiempo. No permitiríamos que el progreso y los registros de una empresa pasaran sin revisarlos al menos cada 30 días. Tu vida es tan o más importante que la de una empresa: no dejes de mirar los acontecimientos en el trabajo, en casa y socialmente.

Te pido que no permitas que tu vida pase más de 30 días sin echar un vistazo serio a las cifras y las situaciones y las alegrías y los traumas: lo que has hecho y lo que has dicho y cómo has crecido en tus experiencias. Ese periodo de 30 días ocupará un lugar más fuerte en tu memoria, y puede marcar la diferencia, tener un impacto más adelante en tu vida.

Toma un fin de semana al final del año y llámalo tu tiempo para reflexionar sobre el año pasado. ¿Para qué? Para dar más valor al pasado. Si tratas las experiencias de tu vida como algo valioso, pueden convertirse en mercancía, en moneda, en recursos. ¿Por qué intentar que el pasado sea más valioso? He aquí la respuesta sencilla: para invertirlo en tu futuro.

Cuando mi padre estaba a punto de cumplir 76 años, le dije: «Querido padre, ¿puedes imaginarte las increíbles experiencias que has tenido en estos 75 años de vida que ahora puedes recopilar e invertir en tu año 76?».

Esa es una enorme diferencia en la forma de ver el envejecimiento. La mayoría de las personas solo intentan sobrevivir de año en año. Permíteme proponerte este desafío: recopila más de tu pasado e inviértelo en tu futuro. Parte de esa recopilación consiste en estudiar tu propia historia, que puede ser muy poderosa para identificar problemas y ofrecer respuestas y soluciones. No se sabe qué oportunidades asombrosas pueden revelarse si tomas un poco de tiempo para descubrir aquello sobre lo que no has pensado o hablado durante un tiempo. Si volvieras a explorar tu pasado, no se sabe qué historias y experiencias adicionales podrías volver a despertar, de manera que, cuando llegue la oportunidad, puedas aprovechar esa experiencia e invertirla en esa conversación. Puede que te sorprenda mucho a quién podrías tocar, y a cuántos podría tocar. Sin esa exploración y ese revivir, puede que hayas perdido esa oportunidad de tocar, de tender la mano.

Historias, tus historias, las historias de otras personas. Una forma excelente de ilustrar hechos e ideas y filosofía es usar las historias de la vida, porque esas son las cosas reales de la vida. Las historias de la vida.

HABLA CON LA VERDAD, HECHOS ACERTADOS

En el arte de la persuasión, tienes que proveer datos y hechos acertados, lo que también se conoce como tratar con la verdad. La exactitud es muy importante porque genera credibilidad. La credibilidad empieza a debilitarse y puede quedar totalmente desacreditada si no eres totalmente acertado con los datos, los hechos, las cifras.

La mayoría de las personas te darán margen para lo que llamamos un error involuntario o leve al tratar los hechos. Por ejemplo, si mi reloj marca las 7:28, pero cuando me preguntas qué hora es y te digo que las 7:30, me permitirías estar un par de minutos desviado. De ninguna manera te estaba induciendo a error con esta información errónea de que eran las 7:30 cuando en realidad solo eran las 7:28.

Pero hay momentos y ocasiones en que quizá tengas que ser preciso; puede ser asunto de vida o muerte. En general, las personas te darán margen para cometer un error no intencional cuando la intención es decir la verdad. Pero aunque es razonable reconocer que se cometerán errores no intencionales, entramos en un área que en los círculos más altos se considera inaceptable. Algunas personas se dedican a exagerar, lo que eventualmente destruye su credibilidad.

Por ejemplo, si estás testificando en un juicio y estás en el estrado, si te atrapan diciendo una mentira, ¿adivina qué hacen con el resto de tu testimonio? Lo desechan todo. ¿Por qué? Has destruido tu credibilidad. El tipo en el estrado dice: «Pero solo mentí esa única vez». ¿Pues, como vamos a creerlo? Basta una sola mentira para debilitar y de hecho anular todo tu testimonio.

Nunca destruyas tu credibilidad.

Por lo tanto, una clave en el arte de la persuasión es tratar con la verdad y los hechos.

La verdadera sofisticación al hablar y escribir es la ausencia total de exageración. La exageración es el intento infantil de compensar la falta de autoestima. Si no te sientes adecuado, la mayoría de las veces tiendes a tratar con exageraciones para compensar con cifras lo que te puede faltar en carácter o lo que te falta en sustancia o lo que te falta en confianza.

Pero si desarrollas el carácter y la confianza, así como la precisión del pensamiento y la toma de decisiones, y tienes un sentido de la valía y el valor crecientes, no te importa tratar con la verdad y la precisión absolutas, porque eso es lo que cuenta.

La exactitud de los hechos y decir la verdad son absolutos. Después de todo, nunca sabes quién va a estar cerca para comprobar la veracidad de tus historias. Por ejemplo:

En una de mis sesiones de fin de semana sobre la serie de liderazgo, hablé de un juicio por asesinato al que asistí muchos, muchos años antes y que ocurrió en Houston, Texas. Estaba describiendo la escena del juicio por asesinato y al abogado que rechazó el caso. Luego contrataron a otro abogado para defender al hombre de raza negra que había matado a un chofer de autobús. Alguien me dijo que iba a ser un juicio bastante dramático y que debería ir. Me encontraba en el área, así que fui. Estuve allí todos los días y el abogado de raza negra de Dallas era tan brillante. Me cautivó su lenguaje, su estilo y su singularidad. Tenía hipnotizada a toda la sala.

Así que estoy contando toda esta historia en clase para una ilustración que estaba usando y, cuando terminé la historia, una dama se puso de pie. Había unas 40 ó 50 personas en clase. Se puso de pie y dijo: «Sr. Rohn, ¿puedo decir algo?».

Le dije: «Sí, por supuesto».

Se dio la vuelta para mirar al grupo y dijo: «Damas y caballeros, acabo de tener una experiencia singular. Esta historia que les ha contado el Sr. Rohn sobre el juicio por asesinato en Houston, Texas, hace unos quince años, quiero que sepan que la experiencia que he tenido al escuchar la historia ha sido singular porque yo estaba allí».

Dijo: «El abogado que rechazó el caso, un abogado bastante famoso, era mi jefe. Yo era su secretaria legal. También me senté en aquel tribunal. Quiero que sepan que el Sr. Rohn les ha descrito exactamente lo que ocurrió».

Así pues, cuenta historias acertadas y trata con la verdad, porque nunca se sabe cuándo, 15 años después, alguien puede estar sentado entre tu público. Aprende a confiar en la verdad. No hay nada más poderoso que la verdad.

He aquí otra cita antigua verdadera entonces, ahora y siempre: La verdad les hará libres. ¿Qué te hace libre? La verdad. Muchas personas se dedican a las afirmaciones, pero yo te diré que lo que te hace libre es la verdad. Lo mejor es afirmar la verdad. Si estás arruinado, afirma que estás arruinado. Eso es lo que pones en el refrigerador. La verdad te hace libre.

MEJOR MINIMIZAR QUE EXAGERAR

La siguiente clave en el arte de la persuasión: mejor minimizar que exagerar. Escribí un libro titulado *Las estaciones de la vida* y mi foto está en él. No es la mejor foto. El libro salió hace unos tres años. Lo publiqué yo mismo. De vez en cuando, alguien dice: «Sr. Rohn, esa fotografía de usted en su libro *Estaciones de la Vida* no es su mejor fotografía». Y yo digo: «Lo sé, por eso está ahí, para que cuando me presente en persona, me vea mejor que en la foto».

Muchas personas usan fotos del tipo *glamour* de Hollywood. Y cuando se presentan en persona, parecen un poco gastadas, ¿correcto? Prefiero que las personas se sorprendan en lo positivo que en lo decepcionante.

Una de las mayores lecciones que he aprendido al trabajar con las personas es permitir que descubran que el resultado final fue más de lo que prometiste y más fácil de lo que dijiste. Al final, siempre quieres que las personas queden gratamente sorprendidas. La clave aquí es aprender a confiar en la verdad. Si la verdad no parece ser suficiente para algunas personas, entonces lo único que necesitas es hacerte tú mismo más fuerte a la hora de presentar la verdad.

Y tú también necesitas enfrentarte a la verdad. Solo cuando reconozcas la verdad acerca de ti mismo, buscarás formas de mejorar tu vida. Por ejemplo, cuando te estés pre-parando para el día, si estás en quiebra, reconócelo. No hay nada mejor para hacerte libre que los hechos, a veces fríos y duros, la verdad. Así que trata con la verdad.

La afirmación sin disciplina conduce al engaño de no eva-luar acertadamente tu situación. Dices: «Bueno, eso es un poco negativo». A veces la vida viene con negatividad. Tienes que enfrentarte a ella. Si tu automóvil no funciona del todo bien, ¿finges que funciona perfectamente o lo llevas a un mecánico para que evalúe el problema y te dé una causa y una solución acertada para arreglarlo?

Vivir una vida ilusoria no es vivir en el mundo real de manera alguna. Toma tiempo para averiguar qué es lo que anda realmente mal, admítelo y luego, toma los pasos necesarios para convertir la negatividad en un resultado positivo. Lleva

Siempre habla con la verdad.

tu automóvil a tantos mecánicos como haga falta para averiguar toda la magnitud de los hechos del problema negativo. Cuando sepas la verdad, podrás enfrentarte a ella. Puedes enfrentarte al problema. Puedes actuar sobre el resultado positivo; pero al principio tienes que conocer el problema antes de poder encontrar la respuesta. De manera que tratar con la verdad acerca de todos los asuntos o problemas es tan importante, que te libera.

TOMA PRESTADO

Lo que sigue en la lista de elementos clave que hay que recordar en el arte de la persuasión es tomar prestado de otros. ¿Qué quiero decir con eso? Si alguien ha hecho una gran afirmación u observación, utilizando un lenguaje que te parece encomiable y digno de compartir para ilustrar un punto, bien puedes tomarlo prestado. Tomo prestado todo lo que puedo tomar prestado, siempre teniendo cuidado de dar todo el crédito al autor de la cita.

Toda la sabiduría que me enseñó el Sr. Shoaff la tomo prestada y la comparto en la medida de lo posible. Por supuesto, le doy crédito por todo lo que compartió conmigo. Algunas personas han dicho algo tan bien que es inútil intentar pensar en otra manera de decirlo. Cuando usas citas creíbles y notables, también demuestras a tu audiencia que has hecho tu tarea. Demuestra que te interesa apasionadamente tu tema.

Las citas, las historias de aventuras, tragedias y triunfos que las personas han experimentado son lo que conecta a las personas. En algunos seminarios uso muchas citas cuando hablo de cómo los seres humanos se afectan unos a otros. Incluso cito letras de canciones. Una de ellas: «Si no fuera por ti, el invierno no tendría primavera, no podría oír cantar a un petirrojo. No tendría ni una pista si no fuera por ti». Está tan bien dicho; no podría mejorarlo mucho. Así que la clave está en tomar prestado, todo lo que puedas toma prestado para apoyar tu argumento, para expresar tu corazón o para expresar tu mente y tus sentimientos. Esto forma parte del arte de la persuasión. Aprender a tomar prestado de otra persona lo que ha sido bien dicho y bien construido, dando siempre crédito a quien lo merece.

Winston Churchill dijo: «La verdad es incontrovertible. La malicia puede atacarla y la ignorancia puede burlarse de ella, pero al final, ahí está». Ves, está tan bien dicho. Podrías quedarte despierto toda la noche y no pensar en esa afirmación, pero no hace falta que te quedes despierto toda la noche pensando para formular esa afirmación. Churchill ya lo ha dicho. Esa afirmación, esa definición de la verdad es tan poderosa y es tan breve y es tan precisa y es tan dramática que podrías tomar prestado el drama que se desprende del lenguaje que utilizó al ejercer la cita.

Hablo de la brevedad de la vida en otra de mis conferencias. Los Beatles cantaban una canción titulada «We Can Work it Out», en los cuales está la letra: «La vida es muy corta, y no hay tiempo para quejas y peleas, amigo mío...». Qué palabras tan poderosas, sobre cuando tenemos en cuenta que la vida de John Lennon fue truncada de forma extra corta en las calles de Nueva York. Son palabras poderosas. Elton John cantó: «Vivió su vida como una vela al viento». Vaya, no se me ocurre una letra mejor para describir lo frágil que es la vida y lo breve que es.

Las palabras se pueden organizar de forma singular para captar la atención y conmover a todo un grupo diverso de

Las palabras son poderosas.

personas, así como a un individuo. La clave está en aprender las palabras y ver qué puedes hacer con ellas. Tienes una forma especial de mirar el mundo, los acontecimientos, la gente, la naturaleza, etc., que puedes plasmar en palabras que conmoverán, emocionarán y afectarán a otros.

También puedes tomar prestadas las palabras, las citas de otros para apoyar tus expresiones, tu comunicación, tus conversaciones. Benjamín Disraeli, dos veces primer ministro del Reino Unido, dijo: «Nada puede resistir a una voluntad humana que arriesgará su existencia por su propósito». Es una afirmación poderosa. A esto lo llamamos lenguaje elevado. Llamamos a esto escalar la cima de palabras y frases y oraciones que tienen un significado increíble, tan brevemente dichas y, sin embargo, tan poderosamente hechas. Tiene sentido tomar prestado el poder y tomar prestada la explicación y tomar prestado el efecto de las singulares palabras de otra persona cuando te das cuenta de que tú no podrías decirlo mejor.

Toma prestadas citas u observaciones de personas creíbles y admirables, pasadas y presentes, y úsalas en tus presentaciones y conversaciones, y verás enseguida una diferencia dramática en la respuesta de tu público.

Incluso el presidente estadounidense John F. Kennedy tomó nota del don del primer ministro británico para usar las palabras en beneficio propio y del mundo. Kennedy dijo: «Winston Churchill tuvo la habilidad, en la Segunda Guerra Mundial, de tomar la lengua inglesa y enviarla a la batalla. Y todos nos inspiramos con sus discursos en favor de la causa, la tenacidad para aferrarse a las visiones del canalla de Hitler y su insidiosa proyección de una larga sombra sobre la tierra de Europa. Churchill tenía la habilidad de usar el lenguaje para hacernos ver y hacernos pensar y para conmover la mente y conmover el corazón y conmover el alma.»

Las palabras son tan formidables, así que usa palabras propias que son poderosas; pero cuando lo necesites, tiende la mano y toma prestadas las palabras de otros que lo hayan dicho bien y ofrécelas para que otros las consideren, para tocar el corazón y tocar el alma y resolver el problema y ayudar a alguien a decidir moverse, cambiar, crecer.

Por supuesto, no es una tarea fácil. El arte de la persuasión no debe ser fácil. Significa pagar un precio, porque así es cómo se aprecia la promesa del lenguaje, el lenguaje que afecta a la cura, el lenguaje que llega y conmueve. Tienes que aprender estas habilidades, aprender el oficio, y entonces te cambiarás a ti mismo y a otros que ven el valor de lo que tienes que decir.

ORATORIA DRAMÁTICA

La oratoria es una forma dramática de hablar para captar la atención de alguien, para dejar claro un punto. Puede que no uses mucho la oratoria, pero es bueno explorar la palabra. Probablemente yo uso más la oratoria de manera informal que en público. Soy un poco más reservado en la plataforma detrás de un podio. Me pongo un poco más dramático de persona a persona. Es simplemente mi estilo. Un poco más conservador en público, un poco más dramático en persona. Pero tengo algo de experiencia con la oratoria.

En una de mis conferencias, repaso toda una lista llamada «Enfermedades de la actitud», y cuando llego a la última, que es quejarse, quiero que quede claro mi punto. Digo con autoridad y seguridad: «Dedica cinco minutos a quejarte y habrás malgastado cinco y puede que hayas iniciado lo que se conoce como cáncer económico de los huesos. Pronto te arrastrarán a un desierto financiero y allí te ahogarás en el polvo de tu propio arrepentimiento». A eso lo llamamos un poco de oratoria. Un estallido dramático de proclamación. No dediques 30 minutos a eso. Sería demasiado; pero cuando la ocasión requiera oratoria, decir algo de forma más dramática, úsalo sin falta.

DI LAS COSAS TAL COMO SON

La siguiente es muy importante para perfeccionar el arte de la persuasión: hablar claro. O, en otros términos, di las cosas como son. O: «Dime la verdad». Significa ponerlo todo sobre la mesa, decir lo que quieres decir, dejar en claro la esencia del asunto.

Hablar claro fue una de las grandes experiencias que tuve al conocer a este increíble caballero, el Sr. Shoaff, cuando yo tenía 25 años. Como ya he dicho, el Sr. Shoaff solo fue a la escuela hasta el octavo grado, de modo que me aconsejaba en un lenguaje muy sencillo, sin rodeos. Un día me dijo: «Sr. Rohn, si tienes 25 años y eres un varón estadounidense y has ido a la escuela preparatoria y un año a la universidad y no has llegado siquiera a un tercio de tu camino hacia tu fortuna», me dijo, «¿acaso no anda algo mal?».

Yo nunca había visto mi vida así, como algo que estuviera mal. Dijo: «Algo anda mal». Luego dijo: «No hay nada que ande mal en el país, ni en las empresas, ni en los bancos, ni en el dinero, pero hay algo que anda mal en tu plan. No hay nada que esté mal en ti, pero algo anda mal en tu forma de pensar, algo que está mal en tu plan. Te has tragado la historia equivocada, te has tragado la fórmula equivocada, y es fácil acabar siendo una buena persona y estar arruinado financieramente. Es fácil acabar siendo sincero y pobre. Te digo que puedes ser sincero y pobre y puedes trabajar duro y ser pobre si compras la fórmula equivocada, si compras el plan equivocado. No sumaste los porcentajes, nunca sacaste la calculadora, nunca contaste el costo como dice una frase antigua».

Ese lenguaje franco y directo me ayudó mucho a descubrir mi problema. Fue uno de los consejos más claros y bien definidos que me dio y que me ayudó a cambiar mi vida a mejor.

En otra de mis conferencias, trato de lo básico, de los fundamentos de la vida y de salir adelante y tener éxito. Solo hay unos cuantos fundamentos, no hay fundamentos nuevos. Ten cuidado con alguien que diga: «Tengo nuevos fundamentos». No. Los fundamentos son antiguos. Por ejemplo, tienes que desconfiar de un tipo que diga: «Fabricamos antigüedades». ¡Da risa!

Uno de los mayores fundamentos básicos proviene de una antigua frase bíblica: «Todo lo que siembres, cosecharás». Nosotros lo llamamos simplemente la ley de la siembra y la cosecha.

Continuando, el Sr. Shoaff me dijo: —Sr. Rohn, hay otra forma de citar esta ley que puede muy bien ayudarte a descubrir dónde está el problema».

Le dije: —De acuerdo, estoy preparado.

Me dijo: —Lo que cosechas es lo que has sembrado.

Pensé: *Vaya, nunca había pensado en eso.*

Y con eso quedé sin mi lista de todas las cosas y las personas a las que culpaba de mis circunstancias actuales.

Si no te gusta la cosecha, ¿a quién buscas? Respuesta. A quien la plantó. ¿Y dónde encuentras a quien plantó tu cosecha? Respuesta. En el espejo. Cuando llegue el otoño, cuando llegue el momento de la cosecha, ve al espejo y, si es necesario, di: «Unas zanahorias flacas. No me impresionan. ¿Dónde estabas la primavera pasada? Durmiendo. ¿No leíste los libros? ¿Rompiste el azadón?».

Esta clase de autoexamen se llama ser directo, una mirada sincera y sin complicaciones de dónde te encuentras. Esto es hablar directamente. Es decir las cosas tal como son. En esta misma línea, quizá quieras preguntarte: «¿Estoy leyendo suficientes libros o no? Si mantengo mis prácticas financieras actuales, ¿me llevarán hacia la fortuna que espero tener en los próximos diez años o no? Si mantengo mis prácticas de salud actuales, ¿tendré la vitalidad y la salud y el vigor para hacer todas las cosas que quiero hacer dentro de cinco años?

¿Lo haré o no? ¿Me están llevando mis prácticas actuales adonde realmente me gustaría ir o me he estado engañando a mí mismo por un buen tiempo?».

Como ya se mencionó en un capítulo anterior, hubo un día, justo antes de conocer al Sr. Shoaff, que llamé el día de «No me engañaré más». De nada servía jugar con los números. De nada servía intentar fingir la realidad de mi situación. De nada servía intentar disculpar mis situación. No tenía sentido intentar pintarla de un color falso. Tenía que decir las cosas como son, porque es la verdad la que pone en marcha el mecanismo de la libertad. Es la verdad la que libera la mente de toda culpa y de todos los pretextos y te enfrenta cara a cara con el problema real.

Cuando por fin descubrí que el gobierno no era mi problema y que los precios no eran mi problema y que la empresa y la política de la empresa no eran el problema y que mis parientes negativos y el tiempo y la economía y la comunidad no eran el problema, cuando por fin descubrí que era yo, a eso lo llamamos trauma.

Después de aceptar la verdad y de pasar por el trauma de descubrir que era yo, y no todos los otros culpables de todos esos años, de repente caí en la cuenta: «Oye, si soy yo, si soy yo la causa del problema, ¡puedo hacer algo al respecto de inmediato! Y me emocioné después de que se me pasara el trauma.

Me di cuenta de que si el problema de hecho era el gobierno, los precios o las otras personas, probablemente no había muchas posibilidades de que todo eso cambiara pronto, si es que llega a cambiar jamás. Va a ser más o menos como siempre ha sido, ¿correcto? Oportunidades mezcladas con dificultades. De modo que si todas esas cosas van a seguir en su sitio los próximos años, como imagino que ocurrirá, el único cambio que realmente va a afectar drásticamente a mi vida soy yo.

Ahora ponte en mi lugar. ¿Has culpado a otros o a otras cosas de tu situación? ¿Hay alguien o algo que está causando tus problemas? ¿O la causa de tus circunstancias es la persona que ves en el espejo?

El Sr. Shoaff me dijo: «Sr. Rohn, si no te va bien, no preguntes qué va mal ahí fuera. Pregunta ¿qué va mal aquí dentro?». Señaló su pecho, el corazón. Hay un himno espiritual de la herencia negra que dice: «No es mi madre ni mi padre. No es mi hermano ni mi hermana. Soy yo». Qué revelación.

Cuando descubres que eres tú quien ha creado tu estado actual, entonces puedes ponerte a trabajar para hacer cambios ese mismo día... hoy. Puedes empezar a estirarte hoy.

«Puedo hacer algo al respecto de inmediato».

Puedes empezar a leer libros nuevos hoy. Puedes apuntarte para nuevas clases hoy mismo. Hoy puedes empezar a pensar de forma constructiva. Hoy puedes tomar decisiones que cambiarán tu vida. Nunca tendrás que volver a ser el mismo: tú eliges, tú decides.

Así que mientras esperas a que bajen los precios y se produzca la reforma del gobierno y mientras esperas a que cambie el exterior, ponte a trabajar inmediatamente en el refinamiento de tu propio pensamiento y en el refinamiento de tus propias disciplinas, y observa lo rápido que empieza a crecer tu capital personal. Esto se llama tratar con franqueza.

Cuando un padre de 40 años en la ruina que vive en este país descubre por fin que él es el problema, cuando sus hijos le dicen: «Papá, ¿cómo es que no somos ricos?», puede decir la verdad y contestar: «Les diré por qué no tenemos dinero. Me lo he fumado. Lo malgasté. Gasté nuestros recursos financieros en pequeños trozos diarios en nada importante. No me di cuenta de que mis gastos se convertirían en una fortuna en los últimos 20 años. Para ser honesto contigo, gasté nuestra fortuna en cosas no esenciales. De alguna manera caí en todas las artimañas y no me di cuenta del precio que iba a pagar en el futuro». Esto se llama tratar con la verdad, hablar sin rodeos, decir las cosas como son, para que puedas hacer cambios y empezar de cero, justo donde estás hoy para tomar el control de tu vida.

DESAFÍOS

Lo siguiente que hay que tratar en el arte de la persuasión son los desafíos a los que nos enfrentamos en la vida y nuestra respuesta a un desafío. No conozco a ningún ser humano que no responda a un desafío. Desde que éramos pequeños y alguien nos preguntaba: «¿Cuánto puedes saltar? ¿Qué tan rápido puedes correr? ¿Cuánto puedes hacer? ¿Puedes ganar?». Todos nos enfrentamos a desafíos a lo largo de nuestra vida, así que parte del arte de la persuasión es la variedad de maneras en que respondemos.

Uno de los desafíos más grandes que me planteó el Sr. Shoaff fue cuando me dijo: «Vayamos a hacerlo». Ese es un gran desafío: no, ve tú a hacerlo. *Vayamos* a hacerlo.

Es fácil decir: «Ve y hazlo. Ve a cambiar tu vida, ve a tener éxito, ve a tomar las decisiones». Pero cuánto mejor si alguien viene y dice: «Vamos a hacerlo. Leamos los libros adicionales. Tomemos las decisiones, démosle al máximo durante los próximos seis meses. Vayamos a toda velocidad, al 110% y veamos qué resulta de ello».

Qué inspiradora sacudida de motivación recibimos cuando alguien nos dice: «¡Vayamos a hacerlo!». Ese es el mayor de los desafíos.

Gran parte de la vida es un desafío, todo el mundo lo sabe. Desde el jefe que te pide estadísticas a última hora antes de una gran reunión hasta tu hijo que quiere atención en medio de una llamada telefónica importante, cada desafío presenta un conjunto singular de circunstancias. Por lo tanto, es vital articular el desafío cuando te presionan, de manera que puedas responder acorde. De eso trata la vida. Aceptar los desafíos, echar raíces profundas, hacerse lo más fuerte posible y comprender que, sea lo que sea lo que se te presente, puedes convertirlo en una oportunidad para tu beneficio.

Intentar dar lo mejor de ti mismo, esforzarte al máximo, pensar bien, leer bien, vivir bien, luchar con todo lo que llega

¡Afrontemos juntos ese desafío!

a tu puerta, a eso se le llama desafío, pero eso es exactamente lo que hace que la vida merezca la pena. Ahí es donde está el valor, en la lucha por elevados ideales para hacer de tu vida algo singular. No sé cómo expresarlo mejor: el desafío. Observa cada uno como una pieza del rompecabezas de la vida: la vida de la que estás al control.

El último aspecto del arte de la persuasión es la pasión. La pasión es la emoción que hay detrás de la persuasión.

Lo singular acerca de las emociones es que las emociones nos dan el empuje para actuar. Las emociones son el espíritu que llevamos dentro. Las emociones infunden vida en lo que hacemos, decimos, pensamos y reaccionamos. No es solo el conocimiento lo que te hace rico. Es el conocimiento mezclado con sentimientos, actitudes y emociones. El torrente de sentimientos y emociones puede ser a veces sobrecogedor. De manera que la clave está en saber que nuestras emociones necesitan ser educadas. Tenemos que educar y controlar nuestras emociones para que sean de lo más beneficiosas.

Llamamos civilización al manejo inteligente de las emociones humanas. Puedes tener el empuje y la fuerza para llegar a donde quieras, pero sin emociones bien educadas y bien dirigidas, no avanzarás. Los estallidos y el comportamiento desenfrenado instigados por emociones no controladas convierten las buenas intenciones en situaciones desastrosas.

Existe una línea muy fina entre la pasión y la emoción indefinida. Lo que hace falta para perfeccionar el arte de la persuasión es ponerse en escena y permitir que el público vea y sienta tu pasión, emoción, creencias y convicciones. Cuando aprendas a articularlas bien y permitas que esos

La civilización es el manejo inteligente de las emociones humanas.

rasgos inherentes fluyan no solo desde la superficie, sino desde lo más profundo, desde toda una vida de experiencia, tendrás el poder de persuadir. Cuando extraes de tus sentimientos y compromisos y conciencia, incluso de tus reservas con un sentido de humildad, el resultado será estupendo, para ti y para tu público.

Tu flujo de emoción dirigida sella el punto en el arte final de la persuasión, cuando las personas han captado que realmente crees y estás comprometido con lo que has estado hablando. Es por eso que te expusiste de tal manera. Por eso tomaste prestadas citas esenciales. Por eso lo dijiste lo mejor que podías decirlo. Por eso contaste todas las historias que pudiste. Por eso te usaste a ti mismo al frente y en el centro, porque crees apasionadamente en el momento y en lo que intentas lograr al tomar decisiones que afectan a la vida de otra persona.

Ahora, ¿qué tan bueno puedes llegar a ser en el arte de la persuasión? Una de las mejores ilustraciones que puedo darte es una antigua historia bíblica, contada dramáticamente, en esencia, como sigue:

> *Un día avisaron al rey Agripa que había en su prisión un hombre famoso. Vinieron y le dijeron: «Oh, rey Agripa, tenemos al hombre que has querido apresar durante mucho tiempo. Lo tenemos encerrado en tu calabozo». El rey Agripa sabía quién era aquel hombre. Era el gran líder de los primeros cristianos, antes conocido como Saulo de Tarso, ahora conocido como Pablo, apóstol líder de los primeros cristianos.*

Habla de forma directa y honesta.

Al rey Agripa le trajeron esta increíble noticia de que este hombre está en su calabozo y puede que haya dicho: «¿Queréis decir que el hombre mismo está en mi prisión?". Ellos respondieron: «Oh, sí, rey, tenemos al mismo hombre». Es evidente que Agripa había estudiado todo el movimiento cristiano y lo había visto crecer hasta un tamaño inaceptable. Y evidentemente sabía mucho acerca del Pablo. » Tráiganmelo. Tengo que ver al hombre en persona», exigió el rey.

Sacaron a Pablo del calabozo y lo pusieron delante del rey. El rey Agripa apenas le dio una mirada y dijo: «Pablo, he oído hablar mucho de ti. Ahora te encuentras en mi calabozo. Cuéntame qué está pasando. ¿Qué es este movimiento cristiano? ¿Por qué todas estas personas están dispuestas a dar su vida por esta increíble causa y dispuestas a sacrificarse? Está creciendo como un gran incendio, extendiéndose sin parar». El rey persiste y dice: «¿Qué está pasando? ¿Qué es este asunto cristiano? ¿Y tú? ¿Cuál es tu participación? Cuéntame tu historia».

El rey no debió haber preguntado, porque Pablo estaba listo para explicar con elocuencia, precisión, dramatismo, pasión y verdad. Si eres lector de dramas e historias, este es uno de los discursos más importantes que hay que leer en toda la literatura y la historia. Pablo dio el mejor ejemplo de alguien que sabía usar el lenguaje para contar su historia: su historia de vida eterna que cambió su vida.

Entonces Agripa dijo a Pablo: «Puedes hablar en tu defensa».

Entonces Pablo, haciendo un gesto con la mano, comenzó su defensa: «Me siento afortunado, rey Agripa, de que seas tú quien escuche hoy mi defensa contra todas estas acusaciones de los dirigentes judíos, pues sé que eres un experto en todas las costumbres y controversias judías. Ahora, por favor, ¡escúchame con paciencia!

«Como bien saben los líderes judíos, recibí una educación judía completa desde mi más tierna infancia entre mi propia gente y en Jerusalén. Si quisieran admitirlo, saben que he sido miembro de los fariseos, la secta más estricta de nuestra

religión. Ahora me juzgan por mi esperanza en el cumplimiento de la promesa que Dios hizo a nuestros antepasados. De hecho, por eso las doce tribus de Israel adoran celosamente a Dios noche y día, y comparten la misma esperanza que yo. Sin embargo, Majestad, ¡me acusan por tener esta esperanza! ¿Por qué les parece increíble que Dios pueda resucitar a los muertos?

«Yo antes creía que debía hacer todo lo posible para oponerme al mismo nombre de Jesús el Nazareno. Y así lo hice en Jerusalén. Autorizado por los principales sacerdotes, causé que muchos creyentes de allí fueran enviados a prisión. Y di mi voto contra ellos cuando fueron condenados a muerte. Muchas veces hice que los castigaran en las sinagogas para que maldijeran a Jesús. Me opuse tan violentamente a ellos que incluso los perseguí en ciudades extranjeras.

«Un día me encontraba en una misión de este tipo en camino a Damasco, armado con la autoridad y la comisión de los principales sacerdotes. Cerca del mediodía, Majestad, cuando iba por el camino, una luz del cielo más brillante que el sol brilló sobre mí y mis compañeros. Todos caímos al suelo, y oí una voz que me decía en arameo: "Saulo, Saulo, ¿por qué me persigues? Es inútil que luches contra mi voluntad".

«¿Quién eres, Señor?», le pregunté.

«Y el Señor respondió: "Yo soy Jesús, a quien tú persigues. ¡Ahora ponte en pie! Porque me he *aparecido a ti para nombrarte mi siervo y testigo. Di a la gente que me has visto, y cuéntales lo que te mostraré en el futuro. Y te rescataré tanto de tu propio pueblo como de los gentiles. Sí, te envío a los gentiles para que abras sus ojos, para que se conviertan de las tinieblas a la luz y del poder de Satanás a Dios. Entonces recibirán el perdón de sus pecados y se les dará un lugar entre el pueblo de Dios, que ha sido apartado por la fe en mí.*

«Y así, rey Agripa, obedecí aquella visión del cielo. Prediqué primero a los de Damasco, luego a los de Jerusalén y por toda Judea, y también a los gentiles, que todos tienen que arrepentirse de sus pecados y volverse a Dios, y comprobar que han cambiado por las cosas buenas que hacen. Algunos judíos me arrestaron en el Templo por predicar esto, e intentaron matarme. Pero Dios me ha protegido hasta el momento presente, de manera que pueda dar testimonio a todos, desde el más pequeño hasta el más grande. No enseño nada salvo lo que los profetas y Moisés dijeron que sucedería: que el Mesías sufriría y sería el primero en resucitar de entre los muertos, y de esta manera anunciar la luz de Dios a judíos y gentiles por igual.»

De repente, Festo gritó: «Pablo, estás loco. Demasiado estudio te ha vuelto loco».

Pero Pablo replicó: «No estoy loco, excelentísimo Festo. Lo que digo es la verdad y razonable. Y el rey Agripa sabe acerca de estas cosas. Hablo con valentía, pues estoy seguro de que todos estos acontecimientos le son familiares, ¡pues no se hicieron en un rincón! Rey Agripa, ¿crees en los profetas? Sé que sí».

Agripa le interrumpió. «¿Crees que puedes persuadirme de que me haga cristiano tan rápidamente?».

Pablo replicó: «Sea rápidamente o no, oro a Dios para que tanto tú como todos los presentes lleguen a ser como yo, excepto por estas cadenas».
(Hechos 26:1-29)

Qué drama. Qué ejemplo tan perfecto del arte de la persuasión y la comunicación.

Puede que nunca tengas la oportunidad de persuadir a un rey, pero puedes llegar a presentarte ante un público y causar un impacto que cambie vidas.

Comunicar, tocar a las personas con las palabras, usar tus talentos, habilidades y experiencias para marcar la diferencia en la vida de las personas es una labor que merece la pena. Tocar a las personas con las palabras se traduce, en números, en un 20% de lo que sabes, y en un 80% de lo que sientes. Así que te pido que trabajes en el conocimiento, sí, por supuesto, pero la mayor de las habilidades es trabajar en la precisión de las emociones, los sentimientos, el compromiso, la pasión por la causa, por la ocasión para resolver un problema, para tocar a alguien de verdad con el espíritu, además de con la mente, con el corazón, y las palabras.

6

SÉ ALGUIEN

En la búsqueda de tomar el control de tu vida, llamo *liderazgo* al desafío de ser algo más que mediocre, al avance hacia el nuevo desafío, tomando cada nueva oportunidad. En este capítulo trataremos sobre las habilidades de liderazgo.

Se dijo de Abraham Lincoln: «Estaba junto a la cama de su madre cuando ella murió, y sus últimas palabras fueron: «Sé alguien, Abe». Y si esa historia es cierta, él evidentemente tomó sus palabras a pecho y procedió desde ese momento a llegar a ser alguien, que es la clave del liderazgo: la inspección interna de tus dones y tus habilidades, tu integridad y tu carácter. He aquí una buena frase para anotar: para atraer a las personas atractivas, tienes que ser atractivo.

Ahora regresemos al tema central de todas mis conferencias: el aspecto más significativo de tu mundo empieza contigo. El Sr. Shoaff me dio de forma dramática otra de las claves principales que cambiaron mi vida. Me dijo: «Trabaja más en ti mismo que en tu trabajo». Esa sencilla afirmación empezó a producir cambios mensurables en mi vida en un periodo de tiempo bastante corto. Yo había descubierto, hasta

Para atraer a la gente, tienes que ser atractivo.

los 25 años, que había trabajado mucho en mi trabajo, pero no en mí mismo, lo cual era la razón de mi falta de progreso.

Cuando se trata de ser líder, ocurre lo mismo. Si realmente quieres atraer a gente atractiva, si deseas que personas de calidad formen parte de tu vida, la clave está en llegar a ser tú mismo una persona de calidad.

El liderazgo es la habilidad de atraer a alguien hacia los dones, habilidades y oportunidades que te rodean como persona, gerente, profesional, compañero de trabajo: un líder. Llamo liderazgo al gran desafío de las edades en una gran variedad de áreas, la ciencia, la política, la industria, la educación, las ventas y, especialmente, la paternidad. A veces los padres no se ven a sí mismos como líderes, pero ser padre ofrece la mayor posibilidad de influir en los niños y la juventud. Exhibir cualidades de liderazgo te lleva a altos niveles de éxito y te abre las puertas a muchas oportunidades y experiencias nuevas y emocionantes.

Además de una autointrospección de tus dones, habilidades, integridad y carácter, también es necesaria una autoinspección de tu aspecto exterior cuando asumes funciones de liderazgo. ¿Cómo te presentas ante otros? ¿Tienes tanta confianza y conocimientos como aparentas? ¿Reflejas tus fuerzas interiores? Tanto el interior como el exterior tienen la misma importancia.

Cuando conoces a alguien por primera vez, inmediatamente te van a echar una mirada. Claro que te van a escuchar,

Tu interior y exterior son igualmente importantes.

pero mientras lo hacen también te están observando. Ciertamente, aprendemos a evaluar a las personas por algo más que lo que vemos, pero al principio miramos naturalmente su aspecto físico, la ropa, el pelo, los zapatos. Una antigua frase dice: «Las personas miran el exterior; Dios mira el interior». Es una verdad excelente. Así que eso puede significar trabajar en el interior para Dios, trabajar en el exterior para la gente. Dices: «Pues, la gente no debería juzgarme por mi apariencia». Puede ser, pero sin duda lo hacen. Te juzgan por tu apariencia. No puedes hablar de «deberías» y «no deberías». Debes tratar con realidades.

Cuando las personas lleguen a conocerte, te juzgarán por algo más que lo que ven, pero al principio es lo único por lo que tienen que guiarse: lo que ven y lo que oyen. Seguro que hay más cosas por venir, pero al principio tienes que pasar la prueba de conocer y saludarse por primera vez.

Aprende a tratar en realidades.

ATRIBUTOS VICTORIOSOS PARA CADA DESAFÍO

El desafío de ser alguien viene acompañado de ciertos atributos para enfrentar ese desafío. La siguiente es una breve lista.

- *Sé alguien inteligente. No hay sustituto para la inteligencia. Las amenazas no compensan la inteligencia. El volumen y los gritos no compensan la inteligencia. La inteligencia no tiene sustituto.*

- *Sé alguien fuerte. La fuerza es atractiva, y hay muchas formas de ser fuerte: en la toma de decisiones, en el carácter, en el lenguaje. Así como en vitalidad y salud. Existen muchas áreas fuertes y todas son atractivas.*

- *Sé fuerte, no descortés, que es un refinamiento de las habilidades de liderazgo. Algunas personas confunden la descortesía con la fuerza. Ni siquiera es un buen sustituto.*

- *Sé amable, no débil. No debemos confundir la debilidad con la amabilidad, porque la amabilidad no es débil. La amabilidad es un cierto tipo de fuerza. Debemos ser lo suficientemente amables para decirle a alguien la verdad. Debemos ser lo suficientemente amables y considerados como para arriesgarnos. Debemos ser lo suficientemente amables para decir las cosas como son y no hacernos ilusiones. Eso es amabilidad, no debilidad.*

- *Sé valiente, no un abusón. Se necesita valentía para ganar el día, para convertirse en líder. Tienes que* salir al frente. Tienes que estar dispuesto a tomar las primeras flechas. Tienes que estar dispuesto a tomar el primer problema, la primera dificultad, abriendo el camino. Tienes que apoderarte con valentía de la primavera. La agricultura no es una tarea fácil, es un trabajo duro. Es un trabajo duro plantar la semilla, dejar que crezca a su propio ritmo, defenderla contra todas las invasiones de bichos y malas hierbas. No, no es una tarea fácil, pero es una de las mejores ilustraciones que conozco de la vida. Si quieres valor alguno cuando llegue la cosecha, tienes que trabajar duro y ser valiente. Tienes que aprovechar cada oportunidad. La buena vida no es para los tímidos.

- *Sé humilde, no tímido. Algunas personas confunden la timidez con la humildad, pero la humildad es una virtud. La timidez es una enfermedad. Es un mal. Es una aflicción. Se puede curar, pero es un problema. Por otra parte, la humildad es una palabra casi divina, un sentido de asombro, maravilla, dimensión, comprensión de la distancia en valor y conciencia del alma humana, del espíritu; es algo singular acerca del drama humano versus el resto de la vida. La humildad es una comprensión de la distancia entre nosotros y las estrellas, y sin embargo tener el sentimiento de que formamos parte de las estrellas.*

- *Sé reflexivo, no perezoso. Está bien soñar, pero no te conviertas solo en un soñador.*

- *Sé orgulloso, no arrogante: un buen atributo para refinar. Se necesita un orgullo sano para ganar el día. Los buenos líderes sienten orgullo de la empresa, de la filosofía, de la oportunidad, de la comunidad* y la escuela, de las organizaciones loables, de la causa y el logro. Pero la clave es estar orgulloso sin ser arrogante. ¿Conoces la peor clase de arrogancia? La arrogancia por ignorancia. Es intolerable.

■ *Trata con realidades, trata con la verdad. Ahórrate la agonía. Acepta que es lo que es. La vida es bastante singular. Acepta que es singular. Algunas personas la llaman trágica, pero es mejor llamarla singular. La araña viuda negra se come a su pareja después de que haya terminado su noble tarea. Algunas personas llaman a eso horrible. Yo creo que es más importante llamarlo singular. Todo el drama de la vida es singular, ¿verdad?*

Acepta la vida como singular.

La Biblia es uno de los libros más fascinantes para leer porque es singular en su presentación. Una historia dice que Dios y satanás estaban conversando un día. Yo no habría pensado que eso fuera posible. ¿No es singular? Mientras conversan, observan lo que ocurre en la Tierra. Eso sí que es singular. Pensé: ¿Con qué frecuencia se reúnen, conversan y hablan de cosas? No sé la respuesta, pero el dramatismo de la historia es absolutamente fascinante, singular.

En esta ocasión en particular, la historia dice que Dios empezó a jactarse de una de sus personas favoritas, Job. Le dijo a satanás que Job era honrado, rico, aborrecía el mal y amaba al Señor, su Dios. Le dijo a satanás que estaba cuidando bien a su amigo Job.

Finalmente, satanás se cansó de oír hablar de lo maravilloso que era Job. Le dijo a Dios que Job era un gran hombre porque Dios había levantado un muro de protección a su alrededor y satanás no podía llegar a él de la forma habitual: no podía tentarlo, acosarlo ni causarle dolor.

Esta conversación me parece fascinante, singular.

Entonces satanás le dijo a Dios que si retiraba el muro especial de protección que rodeaba a Job, de manera que satanás pudiera obrar su maldad, Job maldeciría a Dios en Su cara y luego moriría.

Dios le dijo a satanás que Job nunca haría eso. Job era Su amigo especial.

Así que satanás desafió a Dios.

Vaya, ¿no es un escenario singularmente fascinante?

Job no sabe nada acerca de esta conversación.

Dios le dijo a satanás que podía hacer lo que quisiera con Job, pero no matarlo. Satanás estuvo de acuerdo y prometió a Dios que Job acabaría maldiciendo a Dios. Pero Dios estaba seguro de que Job permanecería fiel.

Según la historia (que se encuentra en el libro de Job de la Biblia), Dios retiró el muro de protección y satanás empezó su obra maligna. En primer lugar, causó la muerte de toda su familia, salvo la esposa de Job. Después, mataron a los siervos y al ganado de Job o fueron capturados por enemigos cercanos. Sin embargo, Job mantuvo su integridad y no maldijo a Dios.

Entonces satanás hizo que Job sufriera con llagas dolorosas por todo el cuerpo. Satanás le dio a Job un triple golpe: destruyó su familia, su fortuna y su salud. En una de las últimas escenas de la historia, Job está sentado sobre las cenizas —se ha quedado sin nada— y se rasca las llagas con una piedra. Su esposa llega. Al verlo allí sentado y sabiendo lo que ha ocurrido, le dice a Job: «Parece que tu Amigo Dios te ha abandonado. ¿Por qué no lo maldices y te mueres?».

Satanás seguramente piensa que es ahora cuando sucederá: es ahora cuando Job maldecirá a Dios. Pero no es así.

En el último capítulo del libro de Job —después de que su esposa y sus amigos lo desdeñaran—, Job siguió sin maldecir a Dios. Entonces el Señor le restauró la familia, la fortuna y la salud. Dios bendijo la vida de Job aún más de lo que tenía antes. Job vivió 140 años más y vio cuatro generaciones de sus hijos y nietos. Job llegó a ser, según la historia, uno de los hombres más ricos y poderosos del mundo conocido.

Puede que tu vida nunca llegue a ser tan desesperada como la que enfrentó Job, pero sin duda a veces puede ser frustrante. Sin embargo, podemos aprender a convertir la frustración en fascinación, ¿cierto? Puedes dejar de intentar comprenderlo todo y decir: «Es una de esas cosas». O puedes decir: «¡Vaya, es fascinante! ¡Voy a tomar el control de mi vida! Voy a permanecer fiel a Aquel que siempre tiene en cuenta mis intereses». ¡A Job le funcionó!

LA REGLA 80/20

Yo antes pasaba por mucha agonía, y mucha angustia, y muchas noches sin dormir, mi cabeza dando vueltas. Abandoné todo eso cuando por fin entendí la regla del 80/20. Permíteme dar algunos buenos consejos acerca de la regla 80/20. Como líder, como gerente, como persona que toma el control, poder influir en otros es esencial.

Aprende a dedicar el 80% de tu tiempo como líder con el 20% de las personas. Para lograr la máxima eficacia y productividad, esta es parte de la clave del éxito en el liderazgo. Hay multitud de ejemplos que revelan que este porcentaje es correcto en varias áreas de la vida. Puede que no sea exactamente 80/20, pero se aproxima bastante. Por ejemplo, pregunta al ministro de la iglesia: «¿Quién paga la cuenta aquí? ¿Cuántos hacen la mayor parte del trabajo que aquí se necesita hacer?». El pastor probablemente dirá: «Aproximadamente el 20% de las personas pagan el 80% de la cuenta». Esto se llama «una de esas cosas».

¿De manera que qué haces? Pues aprendes a trabajar con ello, no intentas resolverlo. Es como intentar resolver las estaciones del año. No puedes resolver las estaciones, aprendes a trabajar con ellas. Las estaciones —primavera, verano, otoño, invierno— están establecidas como deben estar. De la misma manera, algunas cosas están establecidas por la historia. La clave está en saber lo que se puede cambiar y lo que está establecido permanentemente y no se puede cambiar. Luego tienes que aprender a trabajar con lo que está establecido.

Así que parte de la clave del liderazgo es aprender a dedicar el 80% de tu tiempo al 20% de las personas que se esfuerzan, que hacen el 80%. Eso se llama buen sentido del liderazgo.

Ahora te preguntarás: «Bien, ¿ y cómo lo hago ? ¿Cómo funciona exactamente?»

Respuesta: pasa tiempo individual con el 20%, y pasa tiempo en grupo con el 80%.

Sin embargo, ¿adivina quién quiere tu tiempo individual? Sí, el 80 por ciento. El grupo equivocado. Pero de eso se trata la vida, ¿verdad?

Para aceptar este desafío, tienes que ser inteligente y diplomático. Diplomacia y estrategia son dos palabras clave

Trabaja con lo que no se puede cambiar.

que hay que entender para ser un líder eficaz que toma el control.

He aquí un ejemplo de estrategia diplomática.

María viene y te dice: «Tengo una pregunta».

Le dices: «Hola, Mary, trae tu pregunta a la reunión del sábado por la mañana. Me reuniré con todos y la trataré entonces».

Ella dice: «Está bien».

Puede que no sea tan fácil, pero si lo pones ahora en perspectiva, te resultará fácil y aprovecharás mejor el tiempo. Intenta tratar con el 80% en grupo, y entonces tendrás tiempo para hablar con el 20% individualmente.

Siempre hay un tirón en la dirección opuesta, siempre. La gravedad es la atracción hacia abajo. La vida es la lucha en dirección opuesta a la gravedad. La vida debe moverse siempre hacia arriba y hacia delante, en la dirección opuesta a la negativa normal.

Puede que alguien diga: «Bueno, simplemente despediré al 80 por ciento. Solo hacen el 20 por ciento del negocio». Bueno, yo no consideraría demasiado esa idea, porque después de despedir al 80 por ciento, antes de que pase mucho tiempo, quienes queden, el 20 por ciento de ellos estarán haciendo el 80 por ciento del negocio, y el 80 por ciento estará haciendo el 20 por ciento. Esta realidad no es algo que puedes «despedir», es algo con lo que tienes que aprender a trabajar, algo con lo que aprendes a tratar, a administrar, a manejar. La regla 80/20 es una regla muy importante.

LA LEY DE PROMEDIOS

Existen otras recomendaciones para entender los ratios, los números y las categorías en este desafío de liderazgo. El siguiente tema crucial es la ley de los promedios. Es importante entender la ley de los promedios en sentido personal y en sentido empresarial. Básicamente, si haces algo con la frecuencia suficiente, obtienes un ratio de resultados. Es importante que los líderes entiendan los ratios, porque si trabajas con las personas en cualquier área de la empresa, tienes que tener gráficas para hacer un seguimiento de los resultados —ganancias y pérdidas—. Debes poder evaluar tanto tu propio rendimiento como el de ellos.

Ratios. ¿Qué se entiende por ratios? Supongamos que te dedicas a las ventas. Te unes a una empresa y representas los productos o el servicio, y estás empezando. Hablas con diez personas. Nueve personas dicen: «No, no me interesa ninguno». Una dice: «Sí, tomaré algunas». A esto lo llamamos tu ratio de apertura.

Un sí de cada 10 noes. Dependiendo del negocio en el que estés involucrado, puede ser un buen ratio o un mal ratio. Puede que pienses que no es un buen ratio, pero todo depende del producto o del servicio. Por ejemplo, si vendes vehículos de lujo, y una de cada diez personas compra uno y tu comisión es significativa, entonces uno de cada diez cada día durante una semana es fantástico.

De manera que esta es tu ratio de apertura. Al principio no te preocupes acerca de las cifras. Al principio, solo estás iniciando la actividad. Se trata simplemente de una proporción de uno sobre diez. La parte más emocionante de tratar con ratios es que una vez que un ratio empieza, tiende a continuar, a acumularse. Si hablas con diez personas más, las probabilidades de que obtengas otro sí son excelentes. Si hablas con diez más, es muy probable que obtengas otro sí. Es asombroso. No sé cómo funciona, pero sé que funciona. Hay muchas cosas que no necesitas saber cómo funcionan, solo hacerlas funcionar.

Algunas personas se toman tiempo para detenerse y estudiar las raíces de cómo y por qué suceden las cosas. Otros se dedican a recoger los frutos. Tú tienes que decidir en qué extremo de esta ley del promedio quieres participar. Simplemente funciona. Es un tema fascinante.

Una vez que hayas establecido tu ratio, uno de cada diez, ya puedes empezar a competir. Es tan importante poner a prueba tu habilidad frente a la habilidad de otra persona. Lo que otra persona puede hacer te da una buena visión, una

Entender los ratios es clave.

buena indicación de lo que se puede hacer. La competencia te motiva para extender lo que posiblemente seas capaz de hacer, para alcanzar el siguiente nivel de éxito. La competencia es saludable para el crecimiento.

Ahora bien, tienes que ser muy inteligente cuando aprendas acerca de los ratios. Considera este escenario. Si llevas mucho tiempo en una empresa, puede que seas tan bueno que puedes conseguir nueve de cada diez «síes». Alguien, llamémosle Jim, que acaba de incorporarse a la empresa solo puede conseguir uno de cada diez «síes». Si la empresa ofrece un concurso de 30 días para ver quién consigue que más personas digan sí a nuestro producto o servicio, aunque Jim solo consiga uno de cada diez, ganará.

Tú dirás: «Bueno, llevo aquí mucho tiempo. Puedo conseguir que nueve de cada diez digan que sí. ¿Cómo es posible que Jim me gane?». Sería muy sencillo.

Puede que no sea fácil, pero sería muy sencillo. Durante los 30 días, como Jim entiende de ratios, mientras tú hablas con diez y obtienes nueve, Jim hablará con 100 y obtendrá 10; de manera que al final de los 30 días, tú tienes nueve y Jim tiene 10. Te gana. ¿No es inteligente?

Permíteme que te plantee otra situación. Si eres nuevo y brillante, compensarás con números lo que te falte en habilidad. Esto se llama ayudar a las personas con los números, ayudar a las personas con las proporciones. Alguien dice: «Bueno, solo consigo que uno de cada diez diga que sí». Tú le dices a esa persona: «Eso no tiene nada que ver con la competencia».

Después de 30 días, puede que Jim estuviera bastante agotado, pero le fue bastante bien para una jornada de 30 días. Lo mismo puede funcionarte a ti.

A mí me ha pasado que no duermo ni como mucho durante esos 30 días. Unas cuatro horas de sueño es todo lo que necesito y aproximadamente una comida al día, una hora al día para la nutrición. No te recomiendo ni te aconsejo que hagas lo mismo si crees que tu salud correría peligro, pero si eres la persona nueva, es una forma inteligente de compensar en números lo que al principio puede faltarte en habilidad. Puedes competir aunque seas nuevo. La clave está en ser lo suficientemente inteligente como para entender los ratios.

PARA INCREMENTAR TU RATIO

Aquí va el siguiente consejo: los ratios se pueden aumentar. Habla con diez y consigue que uno diga que sí; habla con diez más y consigue uno; habla con diez más y consigue uno; habla con diez más y consigue dos. ¿Por qué? ¿Por qué más o menos la cuarta vez que hablas con diez obtienes dos síes en lugar de uno? ¡Estás mejorando!

Pregunta clave, ¿quién puede mejorar? Respuesta, cualquiera que lo intente. Todo lo que tienes que hacer es juntar los números. Tu cerebro es tan bueno como el de cualquier otro. Tus posibilidades son igual de buenas. Lo único que tienes que hacer es encontrar la forma de realizar un esfuerzo extraordinario para hacer algo ordinario extremadamente bien. Ratios; el éxito es un juego de números. Es importante que lleves la cuenta de tus números.

En el béisbol, llevar la cuenta de los hits de un jugador se llama su promedio de bateo. El promedio de bateo es un ratio de hits a (dividido por) los tiempos oficiales al bate de

Realiza esfuerzo extraordinario para hacer algo ordinario extremadamente bien.

un jugador de béisbol. Hagas lo que hagas, la clave es llevar un registro de tus éxitos y de lo bueno que eres en lo que sea.

Alguien dice: «Bueno, no soy muy bueno por teléfono». Te diré cómo puedes remediarlo rápidamente: empieza a hacer llamadas por teléfono. Te lo digo ahora mismo: puedes mejorar en cualquier cosa. Lo único que tienes que hacer es intentar, intentar, empezar a reunir una serie de números, llevar la cuenta y entender tus propios ratios.

TRES PASOS SENCILLOS HACIA UNA BUENA VIDA Y UNA CARRERA EXITOSA

Enseño un curso de ventas muy sencillo. Permíteme dártelo en tres puntos:

1. Habla con muchas personas cada día.

2. Sé muy amable.

3. Presta buen servicio.

Número uno, habla con muchas personas. ¿No es eso sencillo? Es un juego de números, especialmente si eres nuevo, y aquí es lo que es emocionante: existen muchas personas. No tienes que preocuparte de no tener suficientes personas con quienes hablar, así que habla con la mayor cantidad posible.

Incluso si tu presentación es pobre, si juntas los números, algo bueno va a suceder. Aun si tu presentación es tan pobre que todos los días les dices a todas las personas con quienes te encuentras: «Hola, ¿No querrás comprar nada, verdad?». Seguramente alguien dirá: «Bueno, quizá sí. ¿Qué vendes?» Te lo digo, es así de sencillo si juntas los números. Si hablas con muchas personas cada día, sucederán dos cosas. Número uno, seguro que harás ventas. Algunas personas compran por las razones más extrañas. Algunas personas compran incluso por compasión hacia el vendedor. No quieren ver a tus hijos pasar hambre.

Si hablas con suficientes personas, alguien comprará. ¿Por qué? Ratios. Números.

Estoy seguro de que tienes una presentación mucho mejor que decir: «No querrás comprar algo, ¿verdad?». Seguro que puedes ser un poco más brillante que eso. Empieza por lo sencillo. Alguien puede preguntarse: «¿Por dónde empiezo?». Empieza por donde quieras. No importa. Si te dedicas a las ventas, sal a la calle, busca una piedra y lánzala al aire. Allí donde caiga la piedra, empieza justo ahí. Ese es un buen sitio para empezar: en cualquier lugar.

Luego, a la siguiente persona que veas, dile: «Señor, usted es el primer hombre después de la piedra», y eso sin duda hará que se inicie una conversación. Puede que retrocedan mientras hablan, pero algo empezará a ocurrir. Esta es la razón de entender los números. No tienes que ser tan hábil. Todo lo que tienes que ser es lo suficientemente brillante como para entender que los números pueden compensar la falta de habilidad.

Si estás en una posición de liderazgo para ayudar a la gente, ayúdales con su ratio. Dile individualmente al 20%: «John, vamos a repasar estos números una vez más. ¿Cuántas llamadas hiciste? ¿Con quién hablaste?»

De manera que ese es el número uno: habla con muchas personas cada día. Seguramente mejorarás. Seguramente encontrarás a alguien que quiera y necesite lo que tú ofreces

Número dos, sé muy amable, incluso cuando las personas no lo sean. Gran parte de la presentación es la actitud, la personalidad y una sonrisa sincera. Las personas abrirán sus mentes y sus corazones y serán receptivas a alguien que es genuino. Ser amable significa tener un tono y un estilo agradables, que irradian un porte agradable y respetuoso. Puede resultar más difícil al hablar con algunas personas que otras, sin embargo, todas las personas merecen ser tratadas por igual.

Número tres, presta buen servicio. Escribe todas las notas de agradecimiento que la mayoría de las personas no escriben. Haz todos los seguimientos adicionales que la mayoría de las personas no hacen. Llámales antes de que te llamen a ti. El buen servicio conduce a múltiples ventas. Si atiendes bien a las personas, te abrirán puertas que nunca podrías

TOMA EL CONTROL DE TU VIDA

abrir tú mismo. Te tomarán de la mano y te compartirán con las personas a las que nunca pensaste que podrías llegar.

Eso es un simple curso de ventas, que también se aplica a todos los ámbitos de la vida y a la vida misma. Todos aprecian y responden a las conversaciones agradables con alguien que se interesa por su bienestar.

EL SEMBRADOR

Nuestro siguiente tema en el estudio de las habilidades de liderazgo es una historia fascinante acerca de la ley de los promedios. La historia tiene su origen en la Biblia (Mateo 13:1-23), y espero que consideres mi forma de relatarte la Parábola del Sembrador. Mis padres se aseguraron de que, para cuando yo tenía unos 19 años, fuera un buen conocedor del Libro, pero sigo siendo un aficionado cuando considero la amplitud y profundidad de toda la sabiduría que contiene.

En la antigüedad, un sembrador era simplemente la persona que sembraba la semilla. Un sembrador preparaba el terreno, lo dejaba listo para la siembra, y luego, con un saco de semillas, entraba en el campo y sembraba la semilla en la tierra.

Hay algunos puntos importantes que captarás enseguida cuando leas la historia. En primer lugar, el sembrador era un hombre sabio, una gran ventaja.

Segundo, era muy ambicioso, lo cual es una cualidad admirable. Pero hay que moderar la ambición o puede volverse invasiva. Un escritor escribió: «He aprendido a ser a la vez ambicioso y satisfecho». Ese es un lugar singular al cual llegar, ser a la vez ambicioso y satisfecho. La ambición no tiene nada de malo, siempre que emplees la fórmula correcta. La Biblia da probablemente la mejor fórmula para la riqueza y el poder. Dice: si eres fiel en lo poco, serás hecho señor de lo mucho. Es una buena filosofía porque nos enseña que está bien desear gobernar. No hay nada malo en ello, pero he aquí cómo llegar a ser un buen gobernante: la buena administración cuando las cantidades son pequeñas.

Puede que alguien diga: «Oh, si tuviera una fortuna, la cuidaría bien. Pero yo solo tengo un sueldo, así que no sé a dónde va el dinero». No, no es así como funciona.

Le dije al Sr. Shoaff cuando lo conocí a los 25 años: «Si tuviera más dinero, tendría un plan mejor».

Me dijo: «Sr. Rohn, le sugiero que si tuviera un plan mejor tendría más dinero».

No es la cantidad lo que cuenta. Lo que cuenta es la filosofía con la que ejecutas tu plan.

Si un niño tiene un dólar, ¿qué debe hacer con él? Esa decisión determinará lo que haga con un dólar el resto de su vida. Alguien puede decir: «Bueno, es solo un niño y es solo un dólar». Esa actitud es un enorme error de juicio. Es un error colosal al analizar este escenario.

Si se permite que un niño gaste todo el dólar sin tener la noción de cómo su decisión puede afectar su vida a la larga, es un gran perjuicio para el niño. Debemos explicarle la travesía que selecciona cuando se gasta todo el dólar.

Así que si un niño quiere gastarse todo el dólar, es mejor que le digas: —No, no, no puedes gastarte todo el dólar.

El niño dice: —¿Por qué no?

Dile: —Te voy a enseñar por qué no.

Entonces llévalo al otro lado de la ciudad y dile: —¿Te gustaría vivir aquí? Aquí viven las personas que se gastan todo lo que ganan. Aquí es donde viven—. No hay nada mejor que lo visual para ilustrar a un niño. Muéstrales las trágicas circunstancias si gastas todo lo que ganas, si gastas todo lo que tienes.

Di: —¿Te gustaría vivir aquí? ¿Te gustaría vivir así?

El chico dice: —No, no me gustaría vivir aquí.

—Entonces no puedes gastarte todo el dólar.

Ese niño volverá a casa con los ojos muy abiertos. Lección aprendida.

Bien, volvamos a mi historia. Repasemos los dos primeros puntos: el sembrador era sabio y también ambicioso. Punto tres: el sembrador se puso a trabajar. Se requiere actividad para proporcionar la labor que da nueva vida. Las ideas sin

Los retrocesos son inevitables pero no terminales.

Pasa tu tiempo sabiamente: en el campo, sembrando.

labor nacen muertas, nunca se hacen tangibles. Nunca se hacen realidad. Tienes que someterte a la actividad, a la labor. Así que, cuando leas la historia, verás que era un sembrador muy trabajador, una cualidad admirable.

Punto cuatro, el sembrador tenía la mejor semilla. Es emocionante cuando estás involucrado en lo mejor, el mejor producto, el mejor servicio, la mejor idea, la mejor empresa, algo de lo que te sientes orgulloso. Eso es importante en la forma de ver una situación, tener lo que consideras lo mejor.

Con todas estas cualidades, el sembrador se pone a trabajar y ahora empieza a transcurrir el escenario de la vida llamada ley de los promedios. Esto es lo que ocurrió.

El sembrador sale a sembrar las semillas. La primera porción de las semillas que sembró cayó al lado del camino, y los pájaros se la comieron.

Quiero que entiendas el escenario y por qué es muy importante que los líderes se dediquen a enseñar lo inevitable. Los líderes mismos tienen que darse cuenta de que los «pájaros» son inevitables. Los pájaros tomarán parte de la semilla, siempre, es inevitable. Si no se enseña lo inevitable, las personas se alterarán cuando se den cuenta de que habrá algunas semillas que no den fruto. Si no se les enseña acerca de los «pájaros», no sabrán qué esperar. Tenemos que estar preparados para esperar y luego tratar o manejar lo que se llaman eventualidades, lo inevitable.

Así que el sembrador sale, siembra algunas semillas y los pájaros se las comen. Esta es una historia bastante típica de la vida. Los pájaros se comerán algunas de nuestras semillas.

Puede que estés montando una organización. Estás reclutando y dices: —John, tengo una historia importante para ti. Podría ser un gran cambio de vida para ti, y la oportunidad de ganar algo de dinero extra, o de convertirla en una iniciativa a tiempo completo. Espero que vengas el jueves por la noche y le eches un vistazo.

John dice: —Oh, sí, creo que estoy preparado para algo así. Nos vemos el jueves por la noche y veamos todo de lo que se trata.

Tú dices: —Estupendo.

Es jueves por la noche y John no está. ¿Dónde está John?

Se lo llevaron los pájaros.

Los pájaros se presentan de varias formas. Se llama lo inevitable. Quizá su cuñado le dijo: «¿Ventas? No te metas a vendedor. ¿Quién te ha dicho que eres vendedor?». Lamentablemente, hay todo tipo de afirmaciones —verdaderas y falsas— que causan que la gente se eche para atrás ante una buena idea.

Cuando los pájaros se comen parte de tu buena semilla, tienes un par de opciones. Una, puedes ahuyentar a los pájaros. Dices: «Bueno, iré a solucionar esto». Pero aquí está el problema de esa decisión: si persigues a los pájaros, habrás abandonado el campo, y la ley de los promedios ya no funcionará para ti hasta que vuelvas al campo.

Es fundamental priorizar cómo empleas tu tiempo: en qué emplear tu tiempo y en qué no.

Hay dos maneras de tener el edificio más alto de la ciudad. Una es derribar todos los demás edificios. Entonces tu edificio será el más alto, pero a eso lo llamamos la más difícil de las tareas. Puedes trabajar para derribar el edificio que está justo al lado del tuyo, y tal vez el que está al otro lado de tu

Disciplina tu desilusión.

edificio, pero el próximo puede que no sea tan fácil. Puede que el propietario se ponga delante y diga: «He oído hablar de ti. No voy a ceder». Formidable, ¿verdad? Ahora tienes algunos problemas porque no se te conoce como constructor: se te conoce como demoledor, destructor. Menosprecias a otros para que te vean bien a ti. Eso es un gran error de juicio.

Lo mejor que puedes hacer cuando los pájaros se lleven tus semillas es emplear tu energía y tu tiempo en lo que cuenta, y entender la ley de los promedios. No persigas a los pájaros, quédate en el campo.

La historia dice que el sembrador sabio ignoró a los pájaros y siguió sembrando. ¿Por qué? Era tan sabio que entendía la ley de los promedios. Sabía que si seguía sembrando semillas, había muchas probabilidades de que algunas escaparan a los pájaros.

Así que el sembrador sembró más semillas: algunas cayeron en terreno pedregoso, donde la tierra era poco profunda. A esto lo llamamos inevitabilidad. Triste pero cierto, así es la vida. Los que toman el control de su vida se dan cuenta de que hay temporadas, ratios y lo inevitable. Esto es muy importante, especialmente como líder, para que puedas ayudar a las personas a descifrar la vida y entender lo que funciona, y lo que no funciona a veces. Esto se llama «una de esas cosas».

La parábola sigue, y dice que esta vez la semilla echa raíces y empiezan a crecer plantitas, pero la tierra es tan poco profunda que el primer día de calor las plantitas se marchitan y mueren.»

Dices: «Vaya, qué decepción».

Pues claro que te vas a decepcionar. Algunas personas van a esforzarse tan poco aun cuando tengas una buena idea.

John se presentó un jueves por la noche y decidió unirse a ti en tu empresa. Treinta días después dices: «Tuvimos nuestra reunión mensual. John no está aquí. ¿Dónde está John? Yo pensaba que era seguro que John duraría 30 días, pero no ha sido así».

¿Por qué? Se llama lo inevitable. Quién sabe la razón por la que John no se presentó. Quizá alguien le dijo algo que lo asustó y renunció. Primera decepción en el negocio. Ahora estás decepcionado, sobre todo si John era alguien que te agradaba, alguien a quien conocías. Pero esto es lo que tienes que aprender a hacer como líder, esto forma parte del desafío de la vida: disciplinar tu decepción y comprender la ley de los promedios.

¿Qué hizo entonces el sabio sembrador? Siguió sembrando sus semillas. Qué brillante. Estaba tan bien instruido en la ley de los promedios que siguió sembrando. Esta vez las semillas cayeron en terreno espinoso y, eventualmente, las espinas ahogaron las plántulas y murieron. ¿Cuáles son las espinas de la vida? Los problemas, la angustia, quién sabe los pretextos que usan algunas personas para dejar de esforzarse por hacer el trabajo. Es inevitable.

¿Qué? Quizá te preguntes: ¿Cuánto terreno hay? ¿Hay siquiera suficiente para obtener una buena cosecha?

Pues espera. No es el final de la historia. Pero antes volvamos a la falta de acción de John.

Algunas personas tratan tan poco. Dejan que otros asuntos desplacen a las buenas oportunidades, ¿y quién sabe por qué? Yo no sé por qué. La clave está en tomar lo inevitable y lo obvio y trabajar con ello, hacer que funcione en tu beneficio. Todos debemos estudiar lo obvio y no permitir que nos perturbe indebidamente; aprender a manejar lo obvio para

Si compartes una buena idea lo suficiente, caerá sobre buenas personas.

poder seguir adelante con las cosas más importantes de la vida.

Llamé a John y le dije: —John, ¿dónde estuviste anoche? Tuvimos una reunión.

John dice: —Pues no puedo ir a todas las reuniones.

Le digo: —¿Por qué no?

John dice: —Tengo muchas otras cosas que necesito hacer.

Le pregunto: —¿Cuáles son las otras cosas?

No te vas a creer la lista que me dio John.

—La cerca del patio trasero estaba caída, y los perros estaban a punto de escaparse. No puedo permitir que mis perros anden sueltos.

Le dije: —Está bien, John.

Luego John dice: —La puerta de malla se cayó y no puedo dejar que las cosas se desmoronen. Tengo que tomar tiempo y mantener las cosas en buenas condiciones.

Le dije: —Está bien, John.

—Se había acumulado algo de basura en el garaje. No puedo permitir que la propiedad se llene de basura. Tengo que ocuparme de la basura.

Le dije: —Está bien, John—. Mientras le escuchaba por teléfono, casi podía oír las espinas que le ahogaban, impidiéndole aprovechar una buena oportunidad.

Algunas personas tienen la increíble capacidad de darle la mayor importancia a las cosas sin importancia. No sé por qué. Lo llamamos lo inevitable. Lo llamamos misterio. Forma parte del escenario de la vida.

Más tarde, esa misma semana, yo estaba manejando por nuestra pequeña comunidad y vi a John cortando el césped. Estaba maldiciendo a las malas hierbas, tenía la cara roja y estaba a punto de explotar. Le dije: —John, ¿qué estás haciendo?

Me contesta: —¿Qué parece? Estoy cortando este horrible césped.

Le dije: —John, por aquí hay muchos chicos del barrio que pueden cortarte el césped».

Dice: —Quieren cinco dólares. ¡Lo cortaré yo mismo!

Está bien, John. De acuerdo. Debería haber una ley que prohibiera quitarle cinco dólares a un chico del barrio.

Pero volvamos a la historia del sembrador, que se cuenta para prepararnos para lo inevitable llamado ley de los promedios.

El sembrador siguió sembrando. Evidentemente, conocía la ley de los promedios y sabía que cuanto más sembrara, más posibilidades tendría de que las semillas echaran raíces y fructificaran. Independientemente de que el pájaro se comiera algunas semillas y el sol quemara algunas semillas y algunas espinas ahogaran algunas semillas, estaba decidido a sembrar más semillas. No iba a permitir que las pequeñas cosas le privaran de grandes oportunidades. Comprendía lo inevitable. Siguió sembrando.

La siguiente parte de la parábola nos dice que las semillas cayeron en buena tierra. Permíteme que te haga una promesa como líder. Siempre, eventualmente, buena semilla caerá en buena tierra. Frase clave: si compartes una buena idea con suficiente frecuencia, caerá sobre buenas personas. ¿Por qué? La ley de los promedios.

Ahora bien, incluso la buena tierra tenía una variedad de productividad. La parábola dice que algunas semillas cayeron en buena tierra y produjeron una cosecha: ¡cien, sesenta o treinta veces mayor que la sembrada! Es la ley de los promedios. Así son las cosas. Se llama «una de esas cosas».

Ahora bien, ¿puedes encontrar a algunos del 100% que aprovechen tu oferta de oportunidad? La respuesta es sí, pero puede que tengas que pasar por los pájaros, el tiempo caluroso, las espinas y las preocupaciones, y puede que tengas que encontrar alguna forma de usar a los del 30% y a los del 60%. Y cuando se te confíe como líder hábil, aprende la ley de los promedios y aprende a lidiar con todas las cosas de la vida, y sabrás que sin duda tendrás algunos del 100% con los que trabajar para compartir tu éxito. La ley de los promedios.

7

LOS LÍDERES TOMAN EL CONTROL

Como líderes, aprendamos a ayudar a las personas no solo con sus empleos, sino con sus vidas. Creo que tenemos una doble responsabilidad de ayudar a las personas con habilidades para trabajar, pero creo que la mayor responsabilidad es ayudar a la gente con habilidades para la vida. No nos limitemos a enseñar a las personas a trabajar. Enseñémosles a vivir, a cómo asimilar y acumular tesoros mucho mayores que un simple sueldo. Los tesoros de la conciencia, la comprensión, el establecimiento de objetivos, alcanzar el futuro, crecer, cambiar y expandirse.

Hablemos de la formación de equipos con nuestra nueva comprensión y conocimiento de la ley de los promedios. Puedo darte algunos buenos escenarios sobre cómo formar un buen equipo, buscando a buenas personas. Formar un equipo campeón y constituir un equipo de personas exitosas para lograr un propósito que merezca la pena puede ser un desafío, además de muy satisfactorio. Sea cual sea tu empeño, ya se trate de una empresa o una organización, o la iglesia o los deportes, independientemente del plan que tengas en mente, si quieres encontrar buenas personas, es posible. Este último capítulo trata de cómo superar los desafíos de encontrar un equipo exitoso de gente.

La clave está en no desanimarse durante el proceso. Hay personas de diferentes formas y tamaños, con multitud de perspectivas, objetivos, creencias y trasfondos. Puede que no todas las personas seleccionadas funcionen debidamente. Después de todo, aun Jesús eligió a Judas.

Para armar un buen equipo, te ofrezco la siguiente lista con cinco partes que te ayudarán.

Número uno: historial. Es una buena idea verificar el historial laboral de las personas y sus cualificaciones para hacer el trabajo de forma excelente. No te limites a hojear su currículum; léelo a fondo.

Número dos, ¿está la persona realmente interesada? A veces las personas fingen su interés. Una entrevista cara a cara es la mejor forma de determinar el interés y el deseo de la persona de formar parte de tu equipo. Si has sido líder durante un tiempo, probablemente seas un buen juez del carácter después de sostener una conversación más que superficial con un posible miembro del equipo.

Número tres, cómo responde. La reacción o respuesta de una persona te dice mucho acerca de su integridad, carácter, personalidad, intereses y habilidades. Las señales de advertencia incluyen que alguien pregunte al principio de la entrevista: «¿Tengo que quedarme hasta tarde? ¿El descanso es de solo 10 minutos? ¿Tengo que trabajar los sábados?». No pases por alto estas señales de advertencia. La respuesta de una persona ilustra rápidamente su filosofía. Las personas responden en base a lo que conocen. Su actitud y su filosofía están arraigadas y puede que se muestren ingeniosos por un rato, pero su respuesta natural acabará emergiendo eventualmente durante una conversación interactiva. Presta atención a cualquier discrepancia que observes en la conducta y en las respuestas orales y escritas.

En cuarto lugar, los resultados. Pregunta acerca de sus resultados pasados, la trayectoria de la persona en su empleo anterior. Los resultados son la forma de juzgar el desempeño. Si la persona ha superado los tres primeros criterios y es contratada, los resultados deben corresponder pronto a la calidad. La persona puede ser agradable, pero tiene que dar buenos resultados a cambio de su esfuerzo. Hay dos partes en los resultados: Una, los resultados de la actividad. A veces no pedimos productividad de inmediato, lo único que pedimos primero es actividad. Es bastante fácil comprobar la actividad. Si te unes a una organización de ventas y debes hacer diez llamadas la primera semana, es sencillo verificarlo el viernes.

«John, ¿cuántas llamadas hiciste esta semana?».

John empieza a contar una historia como pretexto y tú le dices: «John, no necesito una historia, solo necesito un número de actividad del uno al diez». Si los resultados de la actividad de la primera semana no son buenos, eso debe incitarte a revisar los números de nuevo después de otra semana. Tú tienes que ser el juez de cuánto tiempo permitirás para la falta de actividad precisa de alguien.

Número cinco, la productividad. Por último, la prueba definitiva de un equipo de calidad es la productividad. Fruto, evidencia, progreso medible en un tiempo razonable.

Como líder, una habilidad de liderazgo que tienes que aprender es cómo medir los resultados y la productividad y la actividad. Sé franco acerca de lo que esperas cuando formas un equipo. A la gente no le gustan las sorpresas cuando se

La vida fue diseñada para responder a lo que merecemos, no a lo que necesitamos.

trata de su trabajo. Sé franco con las personas. Dios fue muy franco. En el Antiguo Testamento, Dios dice: «Si te acercas a Mí, yo me acerco a ti». Eso es dejar clara Su posición. Tú también tienes que dejar clara tu posición. Yo doy un paso, espero que tú des un paso; entonces, cada miembro del equipo sabe cómo funciona. También: «Si tú no actúas, yo no actúo».

Puede que digas: «Pues eso es arbitrario». Pues bien, como líder tienes esa prerrogativa. Puedes establecer tus políticas y procedimientos de esa manera. Una buena declaración filosófica: La vida fue diseñada para responder a lo que merecemos, no a lo que necesitamos. En este planeta el lema de la vida no dice: «Si necesitas, cosecharás». No. Dice: «Si siembras, cosecharás». Tú dices: «Bueno, realmente necesito cosechar». Entonces realmente necesitas plantar. La vida no se diseñó para los necesitados. La vida se diseñó para los plantadores.

La vida no responde a lo que necesitamos. La vida responde a lo que merecemos mediante la actividad, la creencia, la fe, la acción, el movimiento. Tienes que tomar un paso.

Es importante dejar claro, cuando incorporas a alguien, que esa persona tiene la responsabilidad y el compromiso de ser un miembro activo del equipo. Puede que quieras decir algo como: «María, si tomas la iniciativa y haces _____, nosotros haremos _____ a cambio para ti. Si tomas tres pasos en la dirección _____, haremos esto, esto y esto. Pero si tú no actúas, nosotros no actuamos». Es muy importante dejar claro que tomar acción, mostrar iniciativa y estar motivado es lo que capta la atención y les hace avanzar. ¿Por qué? Porque todos necesitan trabajar para conseguir el objetivo. La vida responde al merecimiento, no a la necesidad.

Otra habilidad de liderazgo es trabajar con las personas que lo merecen, no con las que lo necesitan. Esto se aplica ahora a

Aprende a trabajar con personas que lo merecen, no con los que lo necesitan.

la formación de equipos. Estamos hablando de ganar un campeonato. Estamos hablando de crear una empresa. Y la clave del liderazgo es enseñar a las personas a merecerlo. Enséñales a tomar los pasos necesarios, enséñales cómo tomar las acciones para avanzar hacia la meta. Pedimos actividad, los pasos en la dirección correcta. Sin tomar los pasos, no hay promesa, no hay recompensa al final, porque nunca llegas al final, ni logras tu objetivo, ni obtienes el premio, ni cumples tu propósito, ni reivindicas todo tu potencial.

Así que esta es una de las cosas más importantes que puedes enseñar también a los niños: cómo ganarse y merecer cosas buenas, cómo ganarse y merecer los favores. Tienes que pagar el precio tomando la acción requerida: así es como lo llegas a merecer.

Otra clave que sigue para formar un equipo exitoso es reconocer cuando tienes demasiados miembros en tu equipo. Un ejemplo sencillo pero bueno de esta clave es una historia que de nuevo procede de la Biblia.

Al enfrentarse a un ejército muy numeroso, el buen Dios le dijo a Su siervo, Gedeón, dos veces: «Tienes demasiados soldados». La primera vez se marcharon 22.000 hombres y se quedaron 10.000. La segunda vez solo quedaron 300 hombres para pelear. ¿Puedes adivinar el resultado?

La siguiente narración no es exactamente como aparece en el libro de los Jueces, capítulo 7, pero se aproxima mucho y entenderás lo que quiero decir.

Dios le dijo a Gedeón que les diera a los 32.000 soldados una charla para animarlos antes de ir a la batalla. Gedeón debía decirles que pronto saldrían a pelear, y que si alguno tenía miedo y pensaba que el ejército iba a perder esta próxima

Es simplemente una de esas cosas.

batalla contra los madianitas, debía volver a casa y no pelear esta vez. Tenían permiso de retirarse.

Gedeón esperó y, efectivamente, algunos se fueron a casa; de hecho, 22.000 soldados abandonaron el campamento. Si tenía 32.000 hombres y 22.000 pensaban que iban a perder, ¿adivina qué? Iban a perder. Eran demasiados.

En el afán por formar un equipo, es posible reclutar a perdedores. No significa que esté mal, solo significa que es posible: es «una de esas cosas». Cuando estás dando pasos, a veces no se sabe a quién puedes recoger por el camino que no esté totalmente comprometido.

Así que aquí va un consejo: durante la entrevista o el periodo de prueba, pregunta sin rodeos algo como: «¿Crees que este proyecto —idea, negocio, plan, empresa, etc.— va a ganar o a perder? ¿Cuál es tu opinión honesta?» Si no oyes una respuesta positiva o convincente, di: «Puedes retirarte».

Así que a Gedeón le quedan 10.000 soldados. Dice: «No hay problema. Libraremos la batalla con 10.000». El buen Dios le dice: «Pues siguen siendo demasiados». Gedeón dice: «¿Qué?». Y el buen Dios dice: «Haz marchar a los 10.000 hasta que tengan calor y sed a orillas del río, y los que son descuidados dejarán caer su escudo y su lanza y se zambullirán en el agua y empezarán a beber. No puedes usarlos. Son demasiado insensatos. Pero los que conservan sus lanzas y escudos y lamen el agua como un perro y no dejan de vigilar y estar alerta, esos son los que están capacitados y preparados para entrar en batalla y vencer.»

Gedeón dijo: «Ingenioso». Hizo marchar a los 10.000 soldados hasta el río, y estaban acalorados y sedientos.

A los que no estén comprometidos y sean descuidados, mándalos a casa.

LOS LÍDERES TOMAN EL CONTROL

Efectivamente, 9.700 hombres tenían tanto calor que se descuidaron y arrojaron sus lanzas y escudos y saltaron al río para beber el agua fresca. Los 300 restantes se arrodillaron para beber mientras sujetaban sus lanzas y escudos.

De nuevo, con las prisas, es posible reclutar a los descuidados. No significa que esté mal, solo que es inevitable, es «una de esas cosas». Si tienes una batalla importante, y un encuentro crucial, tienes que saber quién es descuidado.

Así que Gedeón les dijo: «Ustedes, los 9.700, váyanse a casa». Y los envió a casa, empapados. Ahora le quedaban 300 soldados. Gedeón dijo: «No hay problema». De 32.000 a 300 combatientes, Gedeón sigue dispuesto a intentarlo. ¡Eso es liderazgo valiente! Tienes que leer la historia. Es fascinante.

Con solo 300 para pelear contra miles, el plan de batalla era la estrategia más extraña e insólita jamás diseñada. Pero venció y expulsó a los madianitas. Gedeón se convirtió en un héroe militar. Su historia proporciona una lección de liderazgo: hay ocasiones en las que puedes tener demasiados miembros: elimina a los que no están al 100% comprometidos y a los que son descuidados e insensatos. Tener miembros del equipo no comprometidos es inevitable. Luego, no tardes demasiado en enviarlos a casa. Cuando tengas un trabajo que hacer, sé bastante rápido en tu análisis de quién lo hará y quién no y quién puede y quién no.

Jesús les dijo a Sus doce, al poner en práctica la filosofía cristiana, que debían salir a las ciudades a compartir la historia de las buenas nuevas con la gente. Y si respondían pronto, que se quedaran. Pero si no respondían pronto, no se quedaran. Les aconsejó que abandonaran la ciudad que no respondiera pronto (ver Mateo 10:5-14).

Tienes que ser el juez de cuánto tiempo das a alguien para responder o a algo para responder. Esto forma parte de la poco común habilidad del liderazgo, aprender las dimensiones del tiempo, cuánto tiempo dar a alguien o a algo que parece no encajar bien. Jesús fue bastante claro al decirles que no se quedaran demasiado tiempo. Si la ciudad no aceptaba la historia, dijo que se marcharan. Y creo que la razón era bastante clara: hay muchas ciudades que querrán oír la buena nueva, así que no deben quedarse con las que no la aceptan.

Se remonta a la ley de los promedios. Sigue la ley de los promedios. No te quedes demasiado tiempo con los que no se unirán al 100%: ve a buscar a los que sí lo harán.

Les dio otras instrucciones fascinantes: cuando salgan de una de las ciudades que no acepta la historia, deben «sacudirse el polvo de los pies». Significara lo que significara eso en aquellos días. Uno de los significados de la frase es que, si un lugar se niega a acogerte o a escucharte, sacude el polvo de tus pies al marcharte para demostrar que has abandonado a esas personas a su suerte.

Creo que los líderes deben tener sentido del tiempo en cuanto a progresos mensurables. Hay que ser lo suficientemente inteligente como para medir el progreso y también hay que ser lo suficientemente inteligente como para comprender la diferencia entre un plazo razonable y otro irrazonable. La empresa puede perderse por demorarse demasiado, por no comprender la ley de los promedios.

EL BIEN Y EL MAL

Los líderes tienen que entender el hecho de que en el mundo existe tanto el bien como el mal. Forma parte del escenario

Acepta que la vida incluye tanto el bien como el mal.

de la vida entender el bien y el mal, como sea que desees describir el bien y como sea que desees describir tu ideología del mal. Hay una variedad de maneras de describir estas dos fuerzas opuestas. Para algunas personas, el mal es una palabra demasiado fuerte. No sé por qué, pero forma parte de sus aversiones personales.

El bien y el mal forman parte de tus propias conclusiones filosóficas cuando tratas de evaluar esta lucha terrenal. El mal, el bien, la tiranía, la libertad, la enfermedad, la salud, ganar, perder, la vida, la muerte, la oportunidad, la tragedia y mucho más forman parte del escenario de la vida. Gran parte de la vida se describe en términos más bien filosóficos en un plano superior llamado la gran guerra entre el bien y el mal.

He aquí parte del escenario. Cuando los padres fundadores establecieron los Estados Unidos de Norteamérica, dijeron,

179

en esencia: «Queremos la máxima libertad y la mínima ley. Debemos tener leyes para frenar ese misterioso lado oscuro de nuestra naturaleza». Porque, efectivamente, aunque tenemos algo bueno aquí en Norteamérica, es probable que haya algunas personas que no se atendrán a las reglas. Así que no solo construiremos algunas ciudades, sino que probablemente será mejor que construyamos algunas cárceles».

¿Por qué considerarían todo eso? Eran lo suficientemente inteligentes como para entender este conflicto, este escenario del bien y del mal. Y todos los buenos líderes tienen que entender este conflicto, este escenario, como quieras describirlo. Sea cual sea el término con el que quieras llamarlo, debemos entender que es la realidad.

Parte de esa comprensión consiste en reconocer que algunas personas se han vendido al lado del mal, por la razón que

No si acaso, sino cuando...

sea. No hace falta dedicar mucho tiempo al por qué; basta con dedicar tiempo al quién para llegar a una conclusión.

YA NO ESTABAN

Hace unos años asistí a la reunión del 30° aniversario de mi clase, que se celebró en el pequeño pueblo donde crecí. Solo había unos 150 alumnos en la clase que se graduó y, después de 30 años, cerca de la mitad de la clase asistió a la reunión, lo que me pareció una asistencia bastante buena. Tuvimos una celebración de dos días. Yo fui el maestro de ceremonias.

El segundo día, dedicamos un momento para recordar a los compañeros que ya habían fallecido. Creo que eran ocho y yo los había conocido a todos, así que conté una breve historia acerca de cada uno de ellos. Luego dedicamos un tiempo, solo un breve momento de silencio para recordar, porque algunos habían sido seres humanos muy singulares, pero ahora ya no estaban con nosotros.

Más tarde pensé: *«Ocho de 150 después de 30 años, ¿es eso el promedio?»*. ¿Qué crees que descubrí? Sí es aproximadamente el promedio. Así que después de 30 años de 150, la pregunta no es si faltarán ocho, sino quién faltará.

Así que parte del escenario para entender el liderazgo consiste en no sorprenderse cuando ocurre lo inevitable. Si te sorprende demasiado lo inevitable, te llaman ingenuo. Por ejemplo, cuando una tarde se pone el sol y alguien dice: «¿Qué pasó? ¿Dónde está el sol?». Ese alguien es un ingenuo. Hay cosas que no quieres que te sorprendan, sobre todo en público.

¿Recuerdas a John de un capítulo anterior? Es el tipo que dijo que sí se presentaría el jueves por la noche a la reunión, pero no se presentó. Y cuando le preguntaste por qué, te dio una larga lista de pretextos. Si preguntas: «¿Por qué hizo eso John? ¿Por qué dijo que asistiría a la reunión y luego no se presentó? ¿Por qué me dio todos esos pretextos?». Si sigues haciéndote esas mismas preguntas una y otra vez como si te sorprendieras, estás siendo ingenuo.

John es un caso muy leve de pasarse al «otro lado». Aun así, es muy aleccionador saber por qué algunos han elegido entregarse a la falsedad, al engaño e incluso a la maldad. Lo llamamos simplemente «una de esas cosas».

Otra clave para un liderazgo eficaz es comprender y estar lo suficientemente alerta y listo para detectar el engaño y el comportamiento poco ético y tratarlos de frente y con rapidez. Un ejemplo excelente que todos los buenos líderes deben entender es la historia de la rana y el escorpión. Es una de las historias más importantes que un líder debe tener en mente cuando trata con seres humanos típicos y su complicada constitución.

UNA RANA Y UN ESCORPIÓN

Una rana y un escorpión aparecieron a la orilla de un río más o menos al mismo tiempo. La rana estaba a punto de saltar al río y nadar hasta el otro lado. Entonces apareció el escorpión y vio que la rana estaba a punto de nadar hasta el otro lado del río. Así que el escorpión inicia una conversación con la rana, diciéndole: —Sr. Rana, veo que estás a punto de tirarte al río y nadar hasta el otro lado».

Y la rana responde al escorpión: —Así es.

El escorpión dice: —Eh, espera. Me gustaría llegar al otro lado, pero lamentablemente soy un escorpión y no sé nadar. ¿Serías tan amable de permitir que me suba a tu espalda y que tú nades y me deposites en el otro lado del río? Te lo agradecería.

La rana miró al escorpión y le dijo: —¡ De ninguna manera! Eres un escorpión y los escorpiones pican a las ranas y las matan. Yo llegaría hasta la mitad del camino contigo a cuestas y luego me picarías y moriría. ¿Crees que estoy loco? De ninguna manera.

El escorpión dijo: —Oye, espera con tu cerebro de rana, no estás pensando. Si te picara a medio camino, seguro que morirías y te ahogarías, pero yo también lo haría, ya que soy un escorpión y no sé nadar. Sería una tontería. Así que no voy a hacer eso. Solo quiero llegar al otro lado.

La rana reflexionó sobre aquel razonamiento y dijo: —Tiene sentido. Sube.

Y según la historia, el escorpión salta sobre la espalda de la rana. Empiezan a cruzar el río y, efectivamente, a mitad de camino, el escorpión pica a la rana. Ambos están a punto de hundirse por tercera vez. La rana no puede creer lo que ha pasado y le dice al escorpión: —¿Por qué hiciste eso? Estoy a punto de morir y ahogarme, pero tú también. ¿Por qué lo hiciste?

Y el escorpión respondió: —Porque soy un escorpión.

De igual manera, la naturaleza humana de algunas personas —buena o mala— está tan profundamente arraigada que son como siempre serán. Los líderes tienen que entender la historia de la rana y el escorpión. Otra analogía: hay pastores, hay ovejas y hay lobos. Los líderes sabios deben darse cuenta de que algunos «lobos» son tan listos que han aprendido a disfrazarse de ovejas. Ten cuidado con las personas que parecen mansas como ovejas, pero que en el fondo pueden ser viciosas.

La vida consiste en la lucha dramática entre el bien y el mal. Y todo ello forma parte de la prueba de la habilidad de liderazgo, la conciencia, la sensibilidad, la comprensión, conocer el escenario y estar alerta ante lo que se llama lo inevitable.

ESTUDIOS DE LIDERAZGO

Hay varios estudios que los líderes deben realizar, estudios útiles para tomar el control de tu vida y desbloquear la influencia, la riqueza y el poder y sacar lo mejor de ti mismo. Esta lista y las descripciones no son exhaustivas, pero puedes ampliar fácilmente cada una de ellas en tu momento y a tu manera. La lista de los estudios en los cuales deben ocuparse los líderes: posibilidad, oportunidad, capacidad, inevitabilidad, racionalidad.

POSIBILIDAD

El primero es el estudio de la posibilidad. Las posibilidades que pueden experimentar los líderes son infinitas. Por ejemplo, es divertido jugar al juego «¿Y qué si...?» para explorar oportunidades y posibilidades. Pregúntate: «¿Qué pasaría si tuviera suficientes personas? ¿Y si tuviera gente refinada? ¿Y si tuviera líderes eficaces? ¿Y si tuviera un excelente equipo? ¿Y si llevara mi producto/servicio al mercado? ¿ Qué pasaría si lograra mis objetivos actuales y todos los futuros? ¿Qué si pudiera vivir mi sueño? ¿Cuáles son las dimensiones? ¿Cuál es el tamaño? ¿Cuál es la promesa? ¿Cuál es la recompensa?»

Las posibilidades están a nuestro alrededor. Todos tenemos que ser estudiantes de la posibilidad. El Dr. Schuller lo llama «pensamiento de posibilidades». Las posibilidades no son un mal tema para estudiar.

OPORTUNIDAD

Los líderes tienen que ser siempre conscientes y estar al tanto del potencial expandido de las oportunidades. En ocasiones, si no la mayoría de las veces, una oportunidad está más cerca de lo que crees. Las oportunidades se presentan de diversas formas: estate atento a oportunidades poco comunes o singulares que impulsarán tu negocio o empresa en una dirección diferente, una ubicación mejor, una inversión más sabia, etc. Las oportunidades te las puede presentar un amigo, un colega, un profesor, un pastor, un conocido o alguien que conozcas en un evento. Mantén la mente abierta con respecto a las oportunidades.

HABILIDAD

El siguiente tema de estudio es la habilidad. Los líderes deben ser buenos estudiantes del perfeccionamiento de sus propias habilidades, así como reconocer la habilidad de otros. A veces es fácil pasar por alto las habilidades excepcionales de alguien que está muy cerca de ti. Nunca tomaste tiempo para tomar nota de todo su talento y su potencial.

Alguien que trabaja para ti o contigo puede tener habilidades ocultas que necesitan salir a la luz y usarse en tu beneficio y en el suyo.

Descubrí a un joven en Canadá que trabajaba para el ferro-carril. Ganaba unos 300 dólares al mes y llevaba diez años trabajando allí. (Esto fue hace mucho tiempo.) Se hizo buen amigo mío y lo recluté y se unió a mi empresa. El segundo año que estuvo conmigo ganó 45.000 dólares. Ahora es un líder en la comunidad, posee dones y habilidades, es econó-micamente independiente y es un caballero singular.

El ferrocarril lo había tenido durante diez años, pero no descubrieron su capacidad: no sabían a quién tenían. No contaban con una evaluación a fondo ni con un proceso para encontrar a las personas que ya eran empleadas y que podían tener dones, capacidades y aptitudes poco comunes que no se habían descubierto. Así que los líderes deben aprender a sacar a la luz las habilidades y poner en marcha formas de descubrir las habilidades ocultas que pueden haber estado ahí durante un tiempo pero que no se han usado. Encontrar la manera de sacar a la superficie todo lo que cada persona, empleado, miembro del equipo, etc. tiene que ofrecer: eso es buen liderazgo. Lo mismo puede decirse de tu familia, espe-cialmente de tus hijos. Ayuda a sacar a la luz todo su potencial, sus habilidades y talentos.

INEVITABILIDAD

Todos debemos ser estudiantes de la inevitabilidad. Debemos preguntarnos rutinariamente: «Sin engañarme a mí mismo, si mantengo mis prácticas cotidianas actuales, ¿adónde me llevará dentro de diez años sin desilusionarme? No quiero limitarme a cruzar los dedos y recorrer el camino equivocado. ¿Cómo puedo aprender a mirar hacia el futuro llamado inevi-table y usarlo en mi beneficio?».

Inevitabilidad es estar a 60 metros de las cataratas del Niágara en un pequeño bote sin motor ni remos. El resultado final de esa situación es inevitable: el fin. Qué lugar tan trágico para encontrarse. Si alguien te hubiera pintado esta escena cuando aún estabas río arriba, te hubiera pintado el rugido de las cataratas en la mente y te hubiera mostrado hacia qué trágico lugar te dirigías, quizá no te hubieras desviado tanto hacia lo inevitable.

Tenemos que ayudar a las personas pintando el rugido de las cataratas mucho antes de que lleguen a 60 metros en un pequeño bote sin motor ni remos. Alguien dice: «Bueno, el rugido de las cataratas está muy lejos». Sí, pero la gente que está a tu alrededor va a la deriva, a la deriva, y con la percepción del liderazgo tienes que ver hacia dónde se dirigen y tienes que ser sincero con ellos y decirles la verdad: dales opciones alternativas mientras aún puedan elegir. Este es el don del liderazgo.

El liderazgo que toma el control ayuda a las personas a evitar las inevitabilidades negativas durante los cambios de vida, los cambios profesionales, los cambios familiares, los cambios de pensamiento y actitud, los cambios de vida y muerte, y ayuda a las personas a ver todas las inevitabilidades positivas posibles.

RACIONALIDAD

Otro gran tema de estudio para los líderes es la racionalidad: poder concluir correctamente basándose en la información, un curso racional y sensato. Un buen consejo: asegúrate de que lo que concluyes es producto de tu propia conclusión. Acepta consejos, pero no órdenes. Permite que otros a tu alrededor te ayuden, pero luego pon lo que se te ha ocurrido por medio de tu propia computadora mental y asegúrate de que es el producto de lo que has concluido basándote en toda la información. A esto lo llamamos verdadero sentido del liderazgo, desarrollar la racionalidad basada en una información creíble.

DESAFÍOS

Tomar el control de tu vida y ser un líder que toma el control no son tareas fáciles, pero son tareas válidas que son posibles. Estás caminando por la cumbre de las habilidades de liderazgo, y la mayoría de las personas no quieren tomarse el tiempo y el esfuerzo necesarios para dedicarse a estas disciplinas adicionales y necesarias. Pero te prometo que el tesoro y la equidad son tan tremendos que el precio que se paga en estas primeras disciplinas es muy pequeño comparado con el tesoro que se acumula a medida que pasan los días, para tu corazón, tu mente y tu cartera.

Para terminar y concluir todo lo que he compartido contigo, te dejo con algunos buenos desafíos para que los consideres.

He aquí la primera. *Trata lo que importa, lo que es importante en la vida, la grandeza de la responsabilidad y ayuda a otros.* Permite que otros lleven vidas pequeñas, no tú. Permite que otros lloren por pequeñas heridas, no tú. Permite que todos los demás discutan sobre cosas no esenciales, no tú. Asume la responsabilidad y la oportunidad de tocar la vida de las personas con esperanza y positividad, de ayudar a dar a otros luz y dirección y refinamiento de pensamiento y carácter y actividad, potencial, oportunidad, sueños y precio. Forma parte del gran desafío, de la gran oportunidad.

He aquí mi próximo desafío. Como líder que toma el control, ayuda a las personas no solo con sus empleos, sino con sus vidas. Creo que tenemos la doble responsabilidad de ayudar a las personas con habilidades laborales, pero creo que la mayor responsabilidad es ayudar a las personas con habilidades para la vida. No solo enseñemos a la gente a trabajar, enseñemos a la gente a vivir. Cómo asimilar y acumular tesoros mucho mayores que un simple sueldo. Los tesoros de la conciencia, la comprensión, el establecimiento de objetivos, el alcance del futuro, el crecimiento, el cambio, la expansión.

Cuando tocamos la vida de las personas, así como sus habilidades, y si se quedan con nosotros una semana o un mes o un año o toda la vida, en cualquier ocasión que decidan irse, queremos que se vayan diciendo: «Mi experiencia con ustedes fue la mejor experiencia de mi vida y no fue solo lo que gané, fue lo que aprendí.»

Y el último desafío, haz lo mejor que puedas con tus dones: tu mente, tu corazón y tu alma. Un antiguo texto bíblico dice: «Si trabajas con tus dones, te abrirán puertas». En otras palabras, si usas tus dones, éstos te harán un lugar, un lugar de liderazgo, un lugar de influencia, un lugar para tocar la vida de otros de buena manera, para dejar huella en el mundo, para impulsar una empresa, para forjar un sueño. Y algún día, si compartes tus dones en beneficio de otros, te llamarán noble.

Puede que recibas recompensas que ni siquiera puedes imaginar ahora. Placas para colgar en la pared, trofeos para colocar en la repisa, pero sobre todo, el don de conocerte a ti mismo. Que hiciste lo mejor que pudiste con lo que tenías, la expansión de tu mente y de tu corazón, y de tu alma y de tu tacto y de tu alcance y de todos los dones que posees. Tus dones: si te esfuerzas por compartirlos con otros, otros te abrirán un espacio.

Tengo que admitir que soy uno de los mejores ejemplos de todos esos consejos. Mira a dónde me han llevado mis dones. Me crié en la oscuridad, en un pequeño pueblo de Idaho. Ahora me toca viajar por todo el mundo. Mis dones me han llevado a muchas salas de diversos lugares prestigiosos y qué experiencia tan emocionante es para mí compartir mi persona con otros. Una de las experiencias más desafiantes y gratificantes de la vida es ver qué puedes hacer para ayudar a otra persona

Una de las mayores emociones de la vida es invertir vida en vida. Y yo he tenido la bendición de tener esa oportunidad una y otra vez. Por medio de este libro he invertido un poco de mi vida en tu vida, y he considerado que ha valido la pena. Te doy las gracias por haberme dado esta oportunidad y esta posibilidad. Te deseo liderazgo. Te deseo influencia. Te deseo tesoros del alma y del espíritu y de la mente y de la cartera, y espero que lo que he tenido que compartir contigo te haya dado un sentido de percepción adicional para afilar tus habilidades y hacer que tu vida sea singular.

Ahora ve a influir en las personas con tu sabiduría, compasión y capacidad de liderazgo, compartiendo todo lo que tienes en su beneficio, realizando tu potencial y destino últimos.

Gracias.

NOTA

1. https://www.bibleref.com/Mark/6/Mark-6-11.html; accedido el 25 de julio, 2023.

ACERCA DE JIM ROHN
(1930-2009)

Por más de 40 años, Jim Rohn se esmeró como un escultor magistral, ayudando a las personas de todo el mundo a esculpir estrategias para la vida que expandieran su imaginación de lo que es posible. Quienes tuvieron el privilegio de oírle hablar pueden dar fe de la elegancia y el sentido común de su material.

Así que no es coincidencia que se le siga considerando uno de los pensadores más influyentes de nuestro tiempo, y que muchos lo consideren un tesoro nacional. Fue autor de numerosos libros y programas de audio y vídeo, y ayudó a motivar y formar a toda una generación de formadores en desarrollo personal y a cientos de ejecutivos de las principales empresas de Norteamérica.

¡ GRACIAS POR LEER ESTE LIBRO!

Si alguna información le resultó útil, tómese unos minutos y deje una reseña en la plataforma de venta de libros de su elección.

¡REGALO DE BONIFICACIÓN!

No olvides suscribirte para probar nuestro boletín de noticias y obtener tu libro electrónico gratuito de desarrollo personal aquí:

soundwisdom.com/español